不安な時代に踏み出すための「だったらこうしてみたら?」

植松努
植松電機代表取締役

PHP

はじめに

世界には、すてきな言葉があふれている

僕は小さい頃《ころ》から本が大好きです。

本の何が好きかというと、僕は言葉が好きなんです。

この世界には、すてきな言葉があふれています。

心がじわりと熱くなる言葉。心がぽんとはずむ言葉。心に力を与《あた》えてくれる言葉。

実在の人、空想の人、いろんな人たちが使う言葉と、彼らの生きざまが、僕の人生を形成してくれています。そして、言葉は実は、自分の考える力にも影響《えいきょう》を与えています。

なぜなら、人間はものを考えるとき、心のなかで自分自身と会話するからです。

その会話には、「言葉」を使うのです。

たとえば、面白《おもしろ》くないことがあったときに、「うぜえ」「むかつく」と表現することが

できます。でもそれでは、あまりにも単純すぎて、自分がなぜ面白くなかったのか、何が嫌《いや》だったのか、ということを深く考えることができなくなります。

だから、より多くの、心を表現する言葉があったほうがいいです。

けれど、人間は自分で言葉をつくりだすことが難しいです。

基本的に、言葉はコピーしてくるものです。

そのコピーした言葉の種類が多ければ多いほど、より深くこまやかな思考ができるのだと、僕は思っています。だから僕は、様々な分野の本を読んでいるのだと思います。

僕は、本や言葉に感謝しています。

僕はいま、北海道で会社を経営しています。植松電機《うえまつでんき》という会社です。

僕の会社では、リサイクルという仕事に使われるマグネットという機械を作っています。

その他に、宇宙開発もしています。

僕はどんな夢と言葉を発信しているのか

僕には夢《ゆめ》があります。僕の夢は、「人の自信や可能性が奪《うば》われない社会」をつくることです。

僕は、この世から、いじめや児童虐待《じどうぎゃくたい》を無くしたいと思っています。

そして、そのためには、人の自信や可能性を奪う言葉である「どうせ無理」を無くしたい、と思っています。

でも「どうせ無理」を使う人をやっつければいい、というものではないことも知っています。

僕は、「どうせ無理」に負けない人を増やしたいと思っています。だから僕は、「どうせ無理」に負けないための方法を、たくさんの人に知ってほしいと思っています。

そうしていたら、僕の言葉は学校の教科書になりました。

いままでは、年間に1万人以上の人たちが、見学旅行や修学旅行で僕の会社に来てくれるようになりました。そして、僕をよんでくれる学校も増えて、年間に約6万人〜7万人の人に話を聞いてもらえるようになりました。

夢の前に壁があらわれたときのために

ただ、僕は気がついています。

僕の話を聞いてくれたり、僕の本を読んでくれた「子どもたち」の書いてくれる感想文は、「夢をあきらめません」という言葉にあふれています。

ところが、大学生や社会人の感想文には、「とは言うけど」「あなたは特別なんです」という言葉が増えてきます。

もっと年齢が上がると、「きれいごとを言うな」という言葉になります。なんでこうなるのかな？　大人はよく、「現実を見ろ」「世の中はそんなに甘くない」と言います。

僕はその言葉を聞くと、「そりゃそうだよ」と思います。そんなの、「夏は暑いんだよ！」「冬は寒いんだよ！」レベルの当たり前の話です。

偉そうに上から目線で言う必要のない話です。

世の中は甘くないです。現実は厳《きび》しいです。

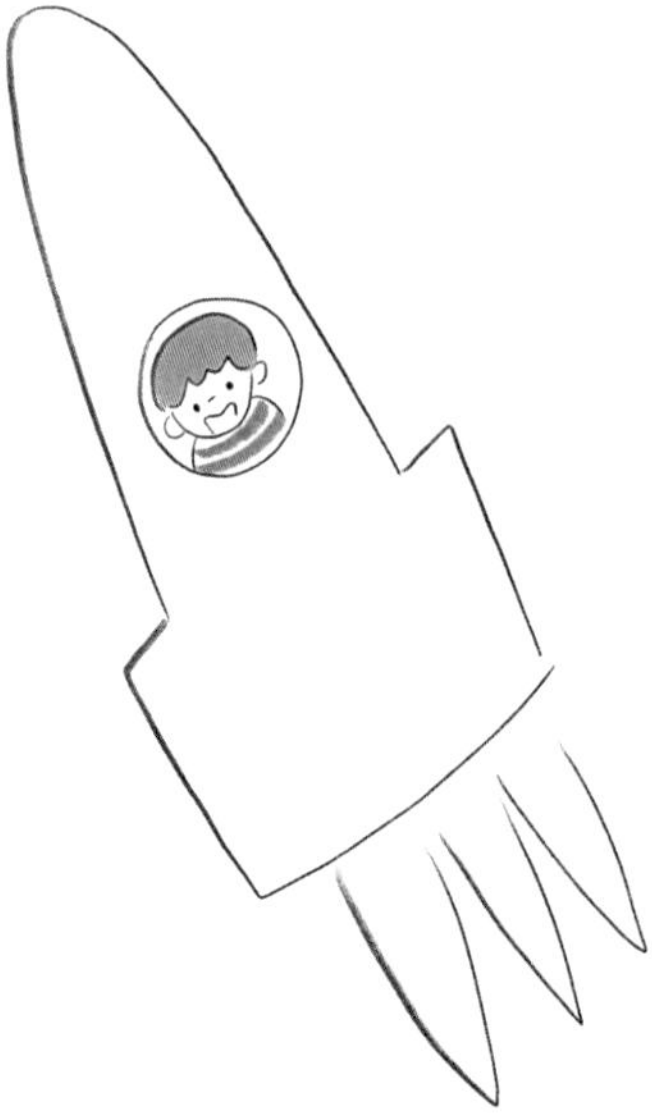

「だからあきらめよう」ではないですね。現実の厳しさを知ったうえで、足を前に踏《ふ》み出《だ》すことで、僕らは前進していけるのです。もちろん、進んだ道が間違《まちが》っていることもあります。

でも、「もうだめだ」じゃないですね。わかるところまで引き返して、別な道を行けばいいだけです。

人生は思うようにならないです。

だからこそ、「どうせ無理だよ」ではなくて、壁《かべ》にぶつかるたびに「だったらこうしてみたら？」を考えればいいのです。

そうすれば、「どうせ無理」に負けない人になれます。

でも、そうは言っても、やったことがないから、やり方がわからない。と思う人もいるようです。

だから僕は考えました。「だったらこうしてみたら？」と。その結果生まれたのがこの本です。

この本には、僕がもらったたくさんの質問と、僕が考えた「だったらこうしてみたら？」をまとめてみました。

この本を読むと、僕がどうやって問題を解決しようとしているかという、僕の考え方を知ることができます。

それはもしかしたら、君の問題の考え方の参考になるかもしれません。僕はこの本で、元気が出るような言葉や、はげます言葉で君を安心させるのではなく、君が問題を乗り越えて、自分の力で前に進んでいくための「考え方」を伝えたいです。

この本が、君の役に立ったら、とても嬉しいです。

2021年　春

植松 努

もくじ

第2章 やりたい仕事も向いている仕事もわからなくて、不安な君へ。

第3章 お金のことが心配で未来が考えられない君へ。

第4章 人の目が気になって「はじめの一歩」を踏み出せない君へ。

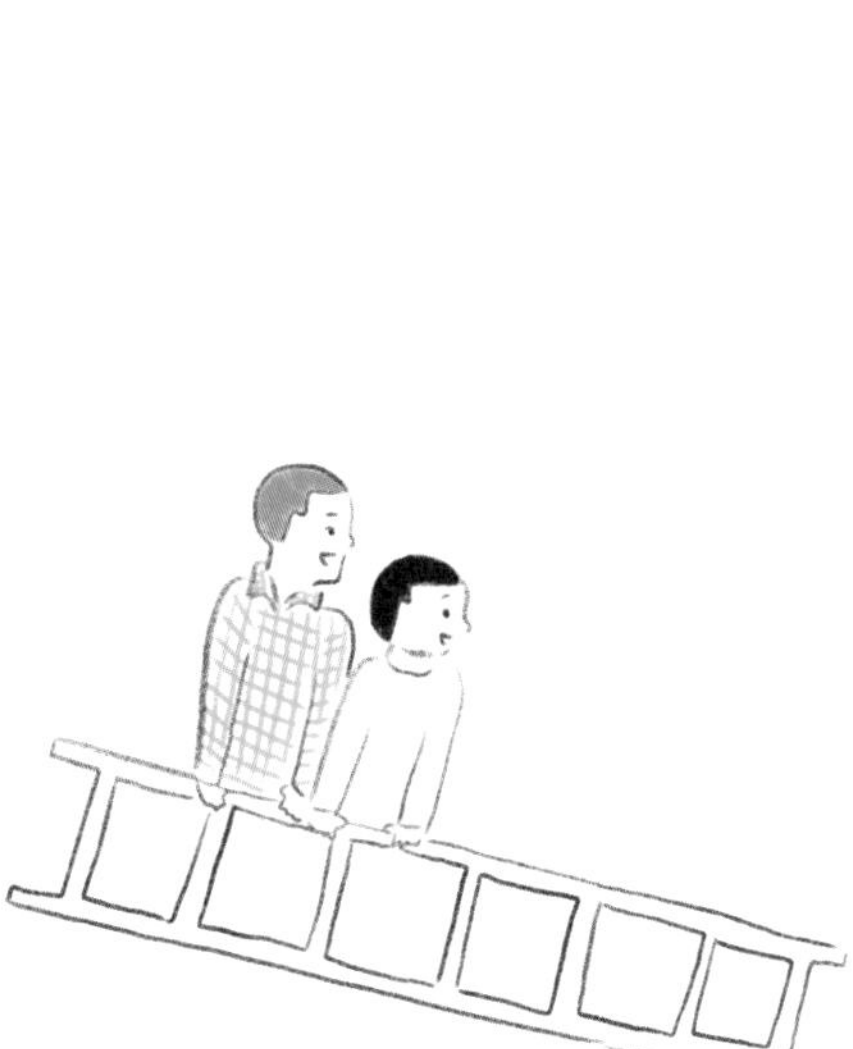

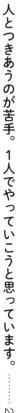

第1章

夢なんかない。
自分が何をしたいのか
わからないと言う君へ。

朝、歯磨《はみが》きをしながら、ふと窓《まど》の外を見ると、
草原のなかに、黒っぽい出っ張りが……。
草が枯《か》れてるのかな？　と思ったら、出っ張りが引っ込みました。
おお。うさぎの耳だ！
やがてうさぎは、ぴょん、ぴょんと、平らなところに出てきました。
さっきまで隠《かく》れていたのに、
なぜ見晴らしのいいところで立ち止まったんだろう？　丸見えだよ。
脳みそのなかに疑問が渦巻《うずま》きます。
うさぎの毛の色は黒っぽい茶色です。

冬毛は雪の白なのに、なんで夏毛は草の緑じゃないのかな？
ん？　でも緑色の哺乳類《ほにゅうるい》っていたっけ？
もしかして、哺乳類の毛は緑にならないのかな？　なんでかな？
目立たないためなら、緑と茶色のしましま模様のほうが
いいだろうに、なぜそうならないのだろう？
僕の頭のなかは、疑問が疑問をよんで、いつもぐるんぐるん
しています。僕はそれが楽しいです。
そしてそれが、「考える力」の始まりです。
さあ、頭のなかをぐるんぐるんにしてみよう。

Q1 何がやりたいのか、自分でもよくわかりません。だったら、「なんとなく行きたい方向」を見つけてみたら？

自分が何をしたいかわからない。これで悩んでいる人はたくさんいます。

まわりのみんなが大きな夢に向かって頑張《がんば》っている姿を見て、みんなの夢に比べて、自分の夢は小さいなあ……と感じてしまったりするかもしれません。もっと大きな夢をもたなくちゃ……って焦ったりするかもしれません。

学校では、「大きな夢をもちなさい」「夢に向かって努力しなさい」と言われます。大人は「将来の夢は？」と何かにつけ聞いてきます。世の中全体がキャンペーンをしているみたいに、「夢を語れプレッシャー」があります。

僕にも夢があったし、夢があるし、夢を叶《かな》えようとしています。でも、僕の夢は、世の中の夢とはちょっと違っている気がしています。

僕は小さい頃から飛行機やロケットが好きでした。将来そういう仕事に就《つ》きたいと思いました。でも、その夢は「大きすぎる」のだそうです。僕には絶対に無理だと言われました。なぜなら、「飛行機やロケットの仕事をするためには、東大に行かないといけない」のだそうです。そして「東大に行くためには、ものすごく成績がよくないといけない」のだそうです。そして「僕の成績はとても悪い」のです。だから、「成績が悪い僕は、飛行機やロケットの仕事ができない」という答えになるのです。

でも僕は、いま飛行機やロケットの仕事をしています。なぜなら、僕は手段に目を奪われなかったからです。

実は、「飛行機やロケットの仕事をするために、東大に行かなければいけない」という条件のなかの「東大」は、飛行機やロケットの勉強をするための手段です。そして実は、手段は東大以外にもいくらでもあるのです。たとえば、東大生が使っている教科書は、図書館でも本屋でも手に入るのです。中学生がそれを読んだっていいんです。

多くの大人が、夢と手段を間違えています。そして、手段を目的にすると、夢を見失います。本当は受験も就職も手段です。なのにそれを夢だと思って頑張ってしまって、合格や就職をしたとたんに、夢を見失ってしまう人がたくさんいます。それは、手段に目を奪われて、本当の夢を忘れてしまったからです。

僕は、夢というものは、具体的になればなるほど、手段になっていくのだろうと思います。たとえば、医師という職業は、人の命を助けるための手段の1つです。医師になるのはとても大変なのであきらめてしまう人もいるでしょう。でも、人の命を助けるためなら、医師のほかにもたくさんの手段があります。そのなかには、自分でもできる手段もあるはずです。

でも今日も、夢を職業や進学先という「手段」のなかから選ばせるような指導が行われています。

だから、夢がわからなくなってしまう人がたくさんいるのです。

僕が「夢をもちたいけれど、夢がない。やりたいことがわからない」という君に勧《すす》めたいのは、「なんとなく、自分が行きたい方向」をもつことです。

「私はこっちに行きたいな」「俺《おれ》はこっちがいいよ」っていうぐらいのものがあれば、とりあえず大丈夫です。

夢が方向であれば、そもそも「大きい・小さい」という概念《がいねん》はありません。僕は、夢って北極星のようなものだろうと思っています。北の空、ひしゃく星のそばに小さく輝《かがや》く星です。

北極星は、約430光年離《はな》れているそうですから、ワープ航法が実用化されない限り、人類は到達不可能です。

でも北極星があるおかげで、北がわかりました。だから人類は、南にも、西にも、東にも行けるようになりました。

夜空に小さく輝く、決して届かない北極星が、僕らに方向を示してくれています。

「なんとなく人の役に立つ仕事がしたいなあ」

「好きな人と結婚して幸せに暮らしたいなあ」というのでも全然OKです。

大事なのはその次です。「じゃあ、人の役に立つってどういう状態なんだろう?」「幸せってなんだろう?」って考えてみるんです。そして、「その状態にするには、どうすればいいのかな?」とさらに考えてみると、いろんな具体的な手段が出てきます。

それを1つずつ叶えていくと、行きたい方向に進んでいきます。

本当の夢には大きいも小さいもありません。僕は、本当の夢って、ぼやっとしていたほうがいい気がしています。

Q2 夢はまだありません。考えてもくだらないことしか浮かびません。だったら、誰かの夢を応援してみたら？

君が「夢はまだありません」とか「くだらないことしか浮《う》かばない」と思っているのは、間違った夢のイメージを大人に押しつけられているからです。

大人は、「夢とは立派で大きいもの」とか「夢は1つ」というイメージをもっています。そして、「大人が知ってる範囲」の夢しか理解しません。

大人は他人の夢を評論しがちです。「アニメの仕事がしたい」「eスポーツ（electronic sports の略称＝ビデオゲームによる対戦）の選手になりたい」なんて言ったら、「くだらない！」と言われてしまうことがあります。しかし、その評価の基準は、その大人の理解できる範囲にあるかないか、だけのことです。その大人の知ってる世界が狭《せま》ければ狭いほど、君の夢は「くだらない」と言われてしまいます。それは、本当の価値ではありません。その大人の憶測《おくそく》による評論にすぎないです。情報としての価値はありません。

たいていの大人は、一生懸命《いっしょうけんめい》という言葉の使い方を間違っています。

「一生懸命やるなら、1つのことしかやっちゃだめ」だと思い込んでいる人がたくさんいます。だから、夢は1個だと決めつけて、君に押しつけてきたりします。「いくつものことに興味がある」なんてのは許《ゆる》されません。「中途半端だ！」と怒《おこ》られてしまいます。

でも現実はそんなに単純じゃありません。複雑にいろんなことがからみ合っています。

たとえば、「仕事と家庭とどっちが大事なの？」と問われたら、答えは「どっちも」です。どっちか片方を選んでしまったらアウトですね。また、子どもが2人いたら、「どっちも大事」が当然でしょう？

人生は、いくつものことを同時にやらなければいけません。それが現実です。

どっちも大事、どころか、あっちもこっちも大事にしながら、バランスをとって生きていくのが人間なんです。

宇宙飛行士の条件は、「AとBのどっちを選ぶ？」と言われたときに、「どっちも」と答えることだそうです。どちらかを選ぶということは、どちらかをあきらめるということです。それを身につけてしまうと、あきらめることができるようになってしまうそうです。だからこそ宇宙飛行士は、あきらめない練習として、「どっちも実現するにはどうしたらいいか?」を考えるのだそうです。

大事なものは、いくつあってもいいんです。ただ例外は恋愛で、2人の相手とつきあって「どっちも好き」というのは、トラブルになるから気をつけましょう。でも、それ以外は「どっちも大事、みんな大事」でいいんです。

それなのに、困った大人が1つのことにこだわり、一生懸命を振《ふ》りかざすのは、理由があります。それは、ラクができるからです。

「僕は仕事を一生懸命にやってるんだから、家のことは君がやれよ」なんてことを言う人はいまでもいます。これは、一見作業分担による助け合いに見えなくもありませんが、実際には助け合いになっていませんね。でも、このセリフ1つで、自分は家事を一切しなくてよくなってしまいます。このセリフは、自分がラクをするための言い訳として、いまもひんぱんに使われています。

「1つのこと」だけを一生懸命にやるから、「そのほかのこと」はやらなくていい。こんな線引きをすると、その「1つ」がなくなったときに、からっぽになってしまうでしょう。「そのほか」に含まれている、大事なものを捨ててしまっているからです。

学生時代は部活と勉強を一生懸命にやっていたけど、社会に出て、部活や勉強という課題が無くなったとたんに、何をしていいのかわからなくなった……という人もたくさんいます。これも残念なことです。せっかく自由になったのに、その自由を活《い》かせないなんて……。

だから君も、「1つしか」の一生懸命はやめましょう。「夢は1つだけ」とか、忘れてしまいましょう。夢は何個あってもいい。どんな夢でもいいんです。

ちっちゃくても、でっかくてもいいんです。大人の憶測の評論なんかに負ける必要はありません。そういうふうに考え方のスイッチをパチンと切《き》り替《か》えると、「夢はまだない。くだらない小さなことしか思いつけない」という悩みは消えます。

誰《だれ》かに「くだらない」とか「小さい」とか言われようが、自分の「夢」として大切にして、かたっぱしからどんどん叶えていけばいいんじゃないかな。

「今日はカレーが食いたい」も立派な夢です。叶えればいいです。

叶えるためには、お店にカレーを食べに行くのもいい。僕は迷わずココイチ（僕の大好きなCoCo壱番屋《いちばんや》の略称）ですが、そもそも、どの店に行くのかを自分で選べます。

その他にも、カレーを自分で作るのもいいですね。「レトルトカレー＋レンチンごはん」というのもありですし、自分で野菜を切って、肉を炒《いた》めて作るのもありです。もっと興味がわいたら、自分でスパイスを調合して……ってやり始めたら、やがてとびきりのカレー屋さんになってしまうかもしれません。

夢ってそうやって、育っていくものだと思います。

そして、夢を追いかけると、たくさんのことを学んでしまうし、同じく夢を追いかけているいろんな人と関《かか》わってしまいます。それがまた新しい出会いを生み出して、夢はどんどん広がるし、どんどん叶っていきます。夢は、1つにしちゃうとたいてい叶いません。でも、たくさん夢があると、どんどんつながって叶っていくんです。

夢って、中学や高校で考えたら、そのあと一生同じだと思いますか？　そんなわけないですね。誰かすてきな人と出会うたびに、「ああ、この人と仲良くなりたい」という夢が生まれます。やがて誰かと結婚して、子どもが生まれたら、「ああ、この子のためにいい社会にしたい」という夢が生まれてくるかもしれません。年をとって時間ができたら、「死ぬまでにあそこに行ってみたいなあ」という夢もできるかもしれません。人は一生、いろんな夢を追いかけるものなんです。

なのに、学校では、夢を1つにしなさい！　と教えてしまいます。そんな理《り》不《ふ》尽《じん》なことを教えるから、君の心と体が嫌がっているだけです。夢とは、大好きなことややってみたいことです。何個あってもいいし、大きいも小さいも関係ありません。「おいしいカレーを作りたい」って言ったからって、「お前はカレーを作りたいと言ったんだろう！　じゃ、カレーを一生懸命に作りなさい！」なんてならないでしょ？

カレーを作るのも好きだけど、絵を描《か》いたっていい。絵を描くのが好きなまま、サッカーをしてもいいじゃない。ていうか、1つのことしかできないって、仕事をするうえでもかなりまずい状態だと思うよ。

でもね、実際にそうなっちゃってる人もいるんです。機械のことを勉強している理系の大学生に、電気の線をつなぐ作業をお願いしようとしたら、「いや、自分は電気を習っていません。自分の専攻は機械なんで、それ以外はわかりません」と言われてしまいました。いやいや、そんな難しいこと頼《たの》まないって。できそうなことだからお願いしたのに、「自分は専門外です」って拒否しないでよ。それじゃあ永久にできるようにならないじゃん。

夢とは、大好きなことややってみたいことです。何個あってもいいし、大きいも小さいも関係ありません。

でも、それでもまだ、「どうしても、夢がよくわからない、見つからない」と思ってしまうときは、それなら、「友だちの夢を支える。応援《おうえん》する」という夢から試してみたらいいと思います。

いろんな友だちの夢を聞いて、まずは「いいね！　応援してるよ！」から始めてみましょう。どうやって実現するかは、とりあえず考えなくていいです。

でも、誰かの夢を聞いてしまった君には変化が起きています。

本屋さんに行くと、ある本が光って見えてきます。

「そういえば、あの子は宇宙開発が夢だと言っていた。宇宙飛行士の本があるぞ」

そんな感じです。さらに新聞やニュースの言葉が、耳に飛び込んできます。そうしたら、「あのさ、今朝のニュースで宇宙飛行士の人のこんな話があったよ」と友だちに伝えたら、友だちは喜ぶでしょう。友だちの勇気と元気は、どんどん増えていきます。

そのうち君の「やりたいこと」も見えてくると思うよ。

Q3 好きなことはあるけれど、うまくないし才能がない……。だったら、「好き」を誰かと比べるのをやめたら？

「絵を描くのが好きだけれど、自分よりずっとうまい人がたくさんいます。絵を描いていくのが夢だなんて、恥《は》ずかしくて言えません」

君からのメールを見て、どきっとしました。

「どうせ無理」と言う人たちに、痛めつけられている君の姿が、見えた気がしたから。たぶん君は、こんな声をたくさん聞かされたんじゃないかな。

「絵が好き？　なんか賞とか、とったことあるの？」

「へーえ、絵が好きって言っても、君の絵なんてたいした絵じゃないね」

「絵なら○○ちゃんがすごくうまいよ！　君とは比べものにならないよ」

幸いなことに、こんな言葉を投げつける人がまわりにいなかったとしても、君のなかに意地悪な君が住んでいることがあります。

「おまえは何様だよ？　こんなに下手なくせに、絵が好きだなんてどうかしてる」

「どうせ絵の仕事で食べていけない。プロはレベルが違う」

「恥ずかしくないの？　こんなの、よくある絵で、人気作家の真似《まね》っこじゃないか」

君のなかにいる意地悪な君は、ものすごく厳しくて嫌味ったらしい。君が何かしようとするたびに顔を出し、誰かと比べて君の「好き」を潰《つぶ》そうとします。


僕はそういう子の悩みをたくさん聞いてきたし、自分自身も「比べる自信」で苦しんできたので、君に伝えたいのです。

「お願いだから『好き』を誰かと比べないで」と。


好きなことは、好き。それでいいと思います。好きは比べるものじゃないんです。

誰かと比べて、「自分は劣《おと》っているから」と、やめてしまうなんてもったいないです。

だって、やっていれば、やっているほど、上手《じょうず》になるから。

「サッカーが大好きで、頑張って頑張って、サッカーの有名校に入ったら、まわりのレベルが高すぎて、サッカーをやめてしまった」

「いい成績がとれていたので、頑張っていい学校に行ったら、まわりのレベルが高すぎて、勉強できなくなってしまった」

こういう話を僕は本当によく耳にしていて、そのたびに、「もったいないなあ」と思います。他の人がどうだろうと、自分は自分なんです。

いまものすごく絵が上手な人だって、最初に描いた絵は「黒歴史」のはずです。

それでも、描いて描いて、描き続けたから上手になったのです。

マンガでもよくあるでしょ？　長期連載のマンガは、第一巻の絵と、後半の絵って、相当違うよね。これは、長期間描いているうちに、作家さんの技量が上がってしまったのです。

好きを誰かと比べてしまう原因は、間違った方程式が出回っていることにあります。

「好きなこと＝得意なこと＝人より優《すぐ》れていること」

こんな方程式に、君も見覚えがあるでしょう？　でもね、よく知られているから正しいとは限りません。

たとえば進路指導で、テストの点数がとれるものを「得意なもの」と教えてしまう先生は、間違った方程式をじゃんじゃん使っています。

「あなたは英語の成績がいいから、それを生かしなさい」

「せっかく数学が得意なんだから理系に行くといいよ」

……こんなふうに。

でもそれは、本当に好きなものとは限りません。たまたま成績がよいだけで、それを「好きなもの」にすり替えられてしまう可能性があります。以前出会った医学部に通う大学生は、「成績がよかったから、学校の先生に医学部を目指せと勧められました。自分も頑張りました。でも、医学部に入ってから、自分が医療《いりょう》になんの興味も無いことがわかりました。好きじゃないから、授業にまったくついて行けません」と嘆《なげ》いていました。結局その人は、心を病んでしまって医学部をやめてしまいました。しかもこの方程式だと、学校のテストになっているものからしか、「得意なもの＝好きなもの」を選択《せんたく》できなくなってしまいます。以前、ＬＥＧＯの全国大会に出場するという子に出会いました。「すごい！」と思いました。でも、彼の学校の先生は、その大会に出るために学校を休むのを許可してくれないそうです。なぜなら、「だって、ブロック遊びでしょ？小さい子の遊びでしょ？　くだらないなあ」だそうです。でもね、ＬＥＧＯって世界中で認められているものなのに……。ｅスポーツは、近い将来にオリンピックの正式種目に採用される可能性が出てきているのに、それを知らない先生は「くだらない」と決めつけてしまいます。そんなことやってるヒマがあったら、勉強しろ！　と言われてしまいます。これでは、LEGOが大好きな子も、eスポーツが大好きな子も、自信を失ってしまうでしょう。

学校が与えてしまう「好きなこと＝得意なこと＝人より優《すぐ》れていること」は、かならず「自分以下」を必要とする恐ろしいものです。こんなものでは、本当の自信など手に入りません。これで手に入るのは、ただの優越感《ゆうえつかん》です。それは、追いかけるほどに、自信を失っていくものです。そしてやがて、自分以下をつくるために、評論と差別をすることになります。ものすごく悲しいことです。

だから、「好きなこと＝得意なこと＝人より優れていること」なんていう方程式から抜け出してほしいです。

好きなことは、好きなこと。ただそれだけです。うまくても下手《へた》でも、自分が好きなら、それでいい。やっていればそのうち上手になります。

ゆっくりでもいい。休憩《きゅうけい》してもいい。寄り道してもいい。好きなことを、自分のペースでやっていればいいと、僕は思います。

Q4 どうしても自信をもつことができません。自分は人より劣っているんです。だったら、「好きなこと」を増やしてみたら?

人は生きていくためには、どうしても自信が必要です。自信ってものすごく大切なものです。でも、統計によると、日本人は世界で最も自信がないそうです。

なんででしょう?

それは、学校が教える「比べる自信」が原因じゃないかと思います。

小さい子に対しては、ついつい、「ほら、○○ちゃんはできてるよ。だからあなたもできるよ。頑張って!」というようなはげまし方をしてしまいます。「ほら、○○ちゃんはおとなしくしてるよ。だからあなたもおとなしくしていようね」なんてことも言ってしまったりします。

でも、この段階から、比べる自信がスタートしています。

それがエスカレートするのは、テストや受験のせいです。

クラスで何番の成績だ！　全国模試で何位だった！　が人の価値のように言われるようになります。運動でもそうですね。誰かに勝ったら嬉しい。誰かに負けたら悔《くや》しい。

大人のなかには、その悔しさを成長に利用しようとして、ことさらに「勝ち負け」にこだわって指導する人もいます。そんな世界で長い時間過ごしてきた僕らには「比べる自信」が、がっつり染《し》みこんでいます。でもね、比べる自信は恐ろしいのです。

なぜなら、比べる自信を満たすために、まず手っ取り早い方法は、お金で自信を買うことです。自分の身を飾《かざ》るのです。高価なものを身につけるのです。そうすれば、比べる自信は満たされます。

でも、自分以上の金持ちはかならず存在します。その人と自分を比べたとたんに自信を失います。しょうがないから、自慢《じまん》をするようになります。過去の手柄《てがら》や武勇伝《ぶゆうでん》を「かなり盛《も》って」しゃべってしまう人がいます。でもすぐに気がつくんです。自慢をするよりも、自分以下をつくったほうが早いって。だから、人を見下し、評論し、差別をするようになります。

そして、自分が誰かに置いて行かれるのが恐ろしいから、頑張る人の足を引っ張るようになります。人が頑張っていることについて、「よーやるわ」「何それ自慢?」「余裕《よゆう》あるやつはいいよね」「どうせうまくいかないのに」「どうせ失敗するのに」と言うようになるのです。でもね、こんなことをしても、自信は減っていくばかりです。

なぜなら、比べる自信は、追えば追うほど自信を失うからです。なんたって、かならず自分以上がいるからです。

だから、比べる自信から抜け出してほしいです。比べる自信から抜け出すためには、比べられなくすればいいです。

たとえばね、「足が速い」という人がいたとします。でも、「足が速い」人はたくさんいます。だから簡単に比べられてしまいます。でもね、「足が速い」+「料理が上手」という人がいたら、同じ条件の人は減るでしょう。

さらに、「足が速い」+「料理が上手」+「歌も上手」になると、さらに同じ条件の人は減ります。

芸能人で「さかなクン」という人がいます。彼は魚のことをものすごくよく知っています。

しかも彼は、誰かが書いた魚の本を暗記しているのではなく、自分でも調査や研究をしていますね。魚類学者です。

おまけに彼は、独学で上手な絵も描けますね。さらに彼は、サックスという楽器も上手に演奏できます。だから彼は、比べられないです。彼は自分の居場所をしっかりもっています。

比べたくても比べられないくらい、たくさんの好きが組み合わさっていると、それが個性になるんだと思うんです。

その「好き」は、「好きなこと＝得意なこと＝人より優れていること」という方程式に従《したが》う必要はありません。レベルなんて関係ないんです。「好きったら好き」でOKです。

その好きなことがたくさんあると自分の個性になり、比べられにくくなります。君自身はたくさんの好きなことをやるのに忙《いそが》しくて、自分のことを誰かと比べる暇《ひま》もなくなります。

たくさんの好きなことを、夢中でやっているうちに、だんだん自信もついていきます。

誰とも比べられない、自分以下も必要としない、本当の自信が身につくんです。

Q5 「将来の夢」を言ったら「身のほどを知れ」と言われてしまいました。だったら、取りあえず身長を答えておけばいいんです。

「将来は宇宙飛行士になりたい！」と小学生が言うと、大人は「あらいいね！　頑張って！」と言います。しかし、中学生や高校生が同じことを言うと、大人は顔をしかめます。

「宇宙飛行士になるためには、東大レベルの大学に行かないと無理だ。おまけに、ものすごく厳しいテストがある。宇宙飛行士になれるのは何万人に1人だ。夢みたいなこと言ってないで、自分の成績で実現できる進路を真剣《しんけん》に考えなさい！」と言われてしまうかも。

勉強が苦手な高校生が「私はお医者さんになりたいな」と言えば、「医学部に行くには、ものすごいお金がかかるし、成績ももっとよくないと無理だ。現実を見なさい。もっと真面目《まじめ》に考えなさい。君の成績ならねえ……ああ、この大学なら大丈夫。この学校に行きなさい」なんて言われてしまうこともあります。それが医療とは何の関係がなくてもです。

僕も飛行機やロケットの仕事がしたかったです。でもそれは先生に否定されました。「お前の成績では進学は無理だから、高校を出たら就職しなさい」とも言われました。

それでも僕は飛行機やロケットの勉強がしたかったから、大学進学を希望します。家にお金が無いことを知っていたから、国立大学一本勝負になりました。進路の先生からは、「絶対に無理だ！」と言われました。直前に受けた模擬試験《もぎしけん》の結果は「E」でした。「考え直せ」という意味でした。

進路の先生に怒鳴《どな》られました。「だから無理だって言っただろう！　高望みするな！　身のほどを知れ！　お前の成績で受かるのは、この大学だけだ！」

先生が示したのは、私立の大学でした。その学校では飛行機やロケットの勉強はできません。おまけに学費がべらぼうに高いです。

「お金が無いから無理です」と言ったら、「金なんて親がどうにかするんだから大丈夫だ！」と言われました。

でも僕は、小さい頃から家の仕事を手伝っていたから知っています。父さんがたった1人で働く自動車の修理の仕事では、どう考えても、そんなお金は払《はら》えないのです。もちろん、お願いしたら、父さんは相当無理をしてでも何とかしてくれたでしょう。でも、その大学では、僕の学びたいことは学べないのです。

僕は、「この進路の先生は、何をしたいのかな？　僕のためを思って、って言ってるけど、僕のためにはならないよな。もしかしてこの先生は、大学に進学した実績だけがほしいんじゃないかな……」と思いました。ぼくはこの、「高望みするな」「身のほどを知れ」という言葉には、その後も何度もであいます。

リサイクル用のマグネットを開発しているときも、「開発なんてのは、大手企業がやることだ。中小企業になんてできるわけがない。身のほどを知れ」と行政の人に言われたことがあります。

でもね、身のほどなら知ってるよ。僕の身長は168センチです。

人間は成長します。いや、背丈は高校生くらいで頭打ちだと思うけど、人間の能力は一生成長します。

だから本当は、身のほどなんてわかるはずもありません。

唯一わかるとしたら、それは、学ぶことをやめた人たちです。自分の成長をあきらめた人たちです。

彼らは「自分の人生はしょせんこんなもんだろう」と思っています。

だからこそ、君に「身のほどを知れ！」と言ったのでしょう。

そこには、「頑張ってきた俺でさえ夢が叶っていないのに、おまえなんかに……」という憎《にく》しみや妬《ねた》みがこもっているのかもしれません。

君が将来の夢を話して、「身のほどを知れ」と誰かに言われたら、「知ってます」と答えてください。とりあえず、身長を答えておけばいいと思います。

そして、「ああ、この人は、学ぶことをやめたかわいそうな人なんだ」と思えばいいんです。

そして、自分の夢を実現する方法を、たくさん考えればいいです。

君の人生は君のものです。誰にも君の夢を奪う権利はないんです。

第2章

やりたい仕事も
向いている仕事も
わからなくて、
不安な君へ。

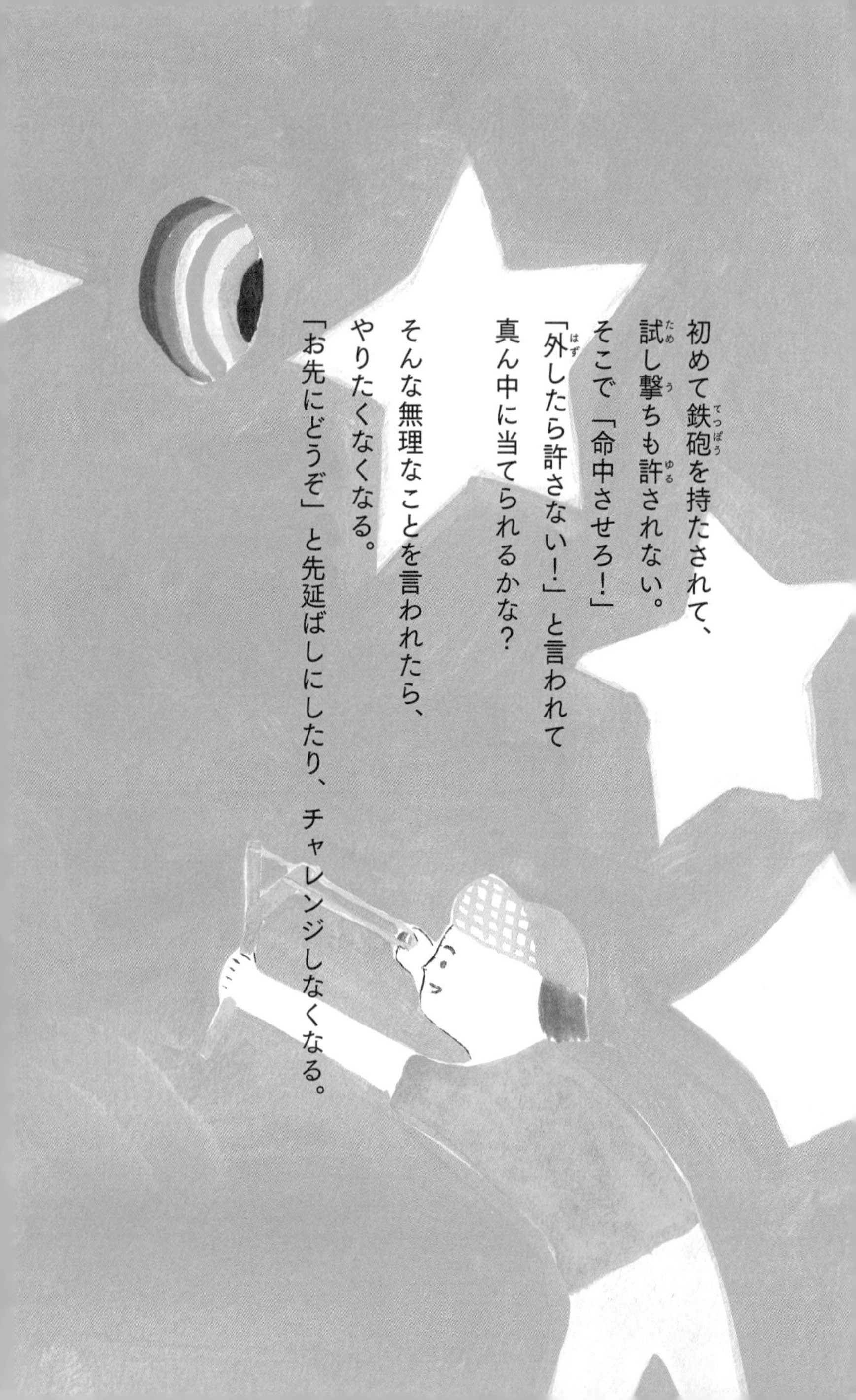

初めて鉄砲《てっぽう》を持たされて、
試《ため》し撃《う》ちも許《ゆる》されない。
そこで「命中させろ！」
「外《はず》したら許さない！」と言われて
真ん中に当てられるかな？

そんな無理なことを言われたら、
やりたくなくなる。
「お先にどうぞ」と先延ばしにしたり、チャレンジしなくなる。

最初に撃つ鉄砲って、絶対に当たりません。
銃身と照準器がずれているからです。撃って、外れて、その分を調整して……
何発も何発も撃って、照準器を調整するのです。
それでも難しいから弾《たま》がたくさん出るショットガンが生まれて、

それでもダメだから機《き》関銃《かんじゅう》が生まれました。
知恵と工夫で命中率を上げるなら、いっぱい撃ったほうがいい。
「下手な鉄砲、数撃ちゃ当たる」という言葉がありますが、
下手だからいっぱい撃ってみたらいいんです。

Q6 漫画家になるという夢はあるけれど、仕事にするのは無理そう……。だったら、夢と仕事をわけてみたら？

歌が好きな人がミュージシャンになる。サッカーが好きな人がプロ選手になる。これほど夢と仕事がバチッとつながるって、実はレアケースです。

だから君も、「漫画家《まんがか》になりたいけれど、それを仕事にするのは難しそう」という悩みをもつのだと思います。

でも、難しいからといって、「夢は仕事にならない」とは僕は思いません。意外とね、夢を仕事にしようと思わないと、夢が仕事になっていくことがあるんです。

実は、夢と仕事は違うものです。わけて考えるとスッキリします。

○夢は、大好きなことや、やってみたいこと。

○仕事は、人の役に立つこと。

この2つは違うけど、一緒になっちゃうのはアリです。

大好きなことや、やってみたいことが、人の役に立つようになったら、夢が仕事になってしまいます。

もしも、夢を仕事にしようと思うと、本当は自由に漫画を描きたいけれど、それが売れるためには、やっぱり人の評価を気にしなければいけなくなります。人の求めるものを描くのは、自分の描きたいことではないかもしれません。そうなってしまうと、やがてやる気も失《う》せて、大好きだったはずの漫画が嫌いになってしまうかもしれません。

それでは、本末転倒ですね。

だけど、自分で好きなように漫画を描いて、それをネットで発表することができます。これだと、最初はお金になりません。でも、好きで描いているから、上達もするし、気持ちも入ります。いつの間にかファンが増えて、気がついたら出版社から連絡《れんらく》が来て……というパターンの漫画がいま増えていますよね。

最初から夢でお金を稼《かせ》ごうと思うと、夢は自分の手から離れていくかもしれません。

でも、夢でお金を稼ごうと思わないで、自由にやっていたら、やがてお金になる可能性があります。

また、

○夢は、大好きなことや、やってみたいこと。

○仕事は、人の役に立つこと。

このルールを知ったうえで、「漫画が好き」ということを使って、どういうふうに人の役に立てるかを考えてみることもできます。いろんな可能性が出てくると思います。

たとえば、大勢の人が感動する大傑作《だいけっさく》を描く漫画家は、漫画で人の役に立っています。

もし、君にそんな漫画は描けなかったとしても、アシスタントになって、漫画家を支えることで、結果的に人の役に立つことができます。

また、漫画とは関係のない会社に勤めていても、「資料に添《そ》えるイラストが必要だよ」というときに、さっと絵を描けたら人の役に立ちます。最近では、企業の製品の取扱《とりあつかい》説明書《せつめいしょ》をわかりやすくするために、漫画を採用するケースも増えているんですよ。

漫画が描ける保育士さんになったら、連絡帳にもメッセージカードにも紙芝居にも絵を役立てることができる。子どもたちにも、大人気になるでしょう。

自分の子どもに絵を描いてあげられる、オリジナルの漫画を描いてあげる、やがてその子が、イラストや漫画を使って誰かを助ける……それも人の役に立つことです。

漫画のほかに料理も好きだったら、かわいい漫画を使ったレシピ本が書けるかもしれない。それをほしいという人が増えたら、イラストと料理の教室を開くようになるかもしれない。そうしたら、料理と漫画で人の役に立てます。

僕の友人の漫画家は、「漫画家には突き抜けた趣味があったほうがいい。それをネタにした漫画が描けるから」と言っていました。

夢は1つじゃなくていいから、大好きな

ことや、やりたいことを、「できる・できない」に関係なく思い浮かべて、やれそうなことからやる。

そして、いきなり夢を仕事にするんじゃなくて、最初はどんどん自由に発表する。

自分の大好きなことが、「どうすれば人の役に立てるかな」と、広い視野で考えると、気持ちがラクになるかもしれませんよ。

Q7 好きなこともやりたいことも、特にありません。
だったら、小さい頃の自分を思い出してみて。

いま、「好きなことがあまりない」と悩む人が増えています。僕の会社にインターンシップで来てくれる人に、僕はかならず「趣味《しゅみ》は?」とたずねます。

なぜかならずたずねるのかというと、仲良くなりたいからです。でも、「いやー、べつにありません」と答える人が多いです。僕はいつも、「なんで?」と聞きます。

すると、ある子は、「本を読むのは好きなんだけど、自分なんてたいして読んでいません。自分よりももっと本を読む人がたくさんいるから……」と言うのです。

僕は心のなかで、「なんでほかの人と比べるのかな……」「なんで人より優れていないとダメなのかな……」と思います。悲しくなります。

「好きなこと」は、頑張れちゃいます。覚えちゃいます。だから、能力を向上させる修練になります。そして、「好きなこと」は人と人をつなぐ共通話題です。仲間を見つけるために役に立ちます。どちらも、社会に出てから大切なものです。

なのに、「好きなこと」を、「勉強の妨《さまた》げになる悪いこと」と教えてしまう人がいます。そのおかげで、「好きなこと」や「趣味」をもてなくなってしまう人が増えています。

また、「好きなこと」は、うっかり人にしゃべると、「くだらない」「何それ自慢?」「余裕あるやつはいいよね」などと言われてしまうこともあります。そんなことを言われてしまったら、怖くて自分の好きなことや趣味を話すことはできなくなってしまうかもしれません。でも、「好きなこと」はあったほうが、きっと自分自身の成長のために役に立ちます。だから、あらためて「好きなこと」を見つけてほしいです。

そのためには、自分の小さい頃の写真やビデオを見てみてください。そして、「この頃、何を考えていたかなあ。何が好きだったかなあ」なんて思い出してみてください。なぜなら、小さい頃は、「好きなこと」や「やってみたい！」と思うことがたくさんあったはずだからです。そして、そのあと、いまの自分なら、この子をどうやって支《ささ》えるかな。どうやって守るかな。と考えてみてください。そうしたら、何か大切なことを思い出せるかもしれません。

小さい頃のように「わぁー、すごい！」「わぁー、やってみたい！」と、心を震《ふる》わすのは、けっして子どもっぽくないです。人間らしい行動です。とても大事なことですよ。

Q8 何をしていいのかわかりません。だったら、考える力を取り戻そう。

僕は、小学生の頃に、飛行機やロケットや、クワガタムシや、ペーパークラフトや、恐竜《きょうりゅう》や……それはもう、大好きなことがいっぱいありました。それらを調べるだけで精一杯《せいいっぱい》だから、学校の勉強はできませんでした。だから、何度言われたかわかりません。「くだらないことやってないで、勉強しなさい！」。

子どもの頃にも、この言葉はつらかったけど、大人になった僕は、この言葉の恐《おそ》ろしさを知っています。

人間の脳みそは、「覚えなさい！」と命令されると、その性能を発揮《はっき》できないそうです。ところが「知りたい！」と思うと、性能以上に頑張ってしまい、能力がどんどん向上していくそうです。

けれど、学校の勉強は、「教えられたことを疑いもせずに覚える」ものが多いです。そして、「覚えた量と正確さ」で評価されます。だから、「覚えなさい」と命令されたこと以外を覚えるのは無駄《むだ》や害悪になってしまいます。そのため、「好きなこと」や「趣味」は、「覚える価値の無いくだらないこと」と言われてしまいます。ところが、「教えられたことを覚える」だけだと、脳は成長できません。そして、「暗記の量と正確さ」で勝負しても、ロボットやＡＩに確実に負けてしまいます。

本当の学びとは、「自分で興味や疑問を感じて、自分で調べて、自分で試す」です。大学の専門課程の授業はこれをやっています。だから、「教えられたことを覚える」練習しかしてこなかった人たちは、高校でものすごく成績がよかったのに、大学では成績が悪くなってしまった……というパターンが多いそうです。僕は、人の自信を取《と》り戻《もど》すための活動として、毎月一度、エアガンで撃ち合うサバイバルゲームを開催します。そのときにも、まさにそんなことが起こりました。

会場設営の段階から大学生が何人も来てくれて、「手伝います。何をすればいいですか」と言ってくれたので、人が隠れるための風船式の大型バリケードをふくらませてほしいとお願いし、いくつものバリケードが入った箱と電動ポンプをわたしました。彼らは「わかりました！」と気持ちよく引き受けてくれたのですが、30分くらいしてふと見ると、彼らは1つだけふくらませたバリケードのまわりで、楽しそうに雑談をしていました。

バリケードは1つじゃないのです。彼らの足下《あしもと》に、同じものがまだいくつもしぼんだまま置いてあるのです。バリケードは1つではまるで足りないし、ふくらませたあとに、会場内のあちこちに配置しなければいけません。僕はあきれてしまって、「なんでこうなるの？」と苦笑いをしました。

いまの若い人たちは、僕らが子どもの頃と比べたら、はるかに能力が高いです。なぜなら、ものすごい量の情報のなかで暮らしているからです。そして、科学も発達しています。僕ら大人ができなかったことやあきらめたことを、これからどんどん成《な》し遂《と》げていく素晴らしい人たちです。でも、考える力を、誰かに奪われてしまっているのです。

小さい頃から親や先生に「疑うことが許されない正解」を覚えるように指導されて、覚えたことの量と正確さで評価されてきたのです。

小さい頃から親や先生に指示されつづけて、指示以外のことをすると「余計なことをするな！」「勝手なことをするな！」と怒られて、言われたことを、言われたとおりに、素直に真面目にやってきた人たちです。それを繰《く》り返《かえ》すうちに、いつの間にか、考える力を奪われてしまったんです。

「指示されたことだけやっていれば、怒られないし、失敗しない」と思い込んで、考えなくなってしまったんです。

でも、それでは間違いなく、ロボットやＡＩに負けてしまうのです。

「何をしていいのかわからない」のではなく、「僕はどうしたいのかな？」「僕は何をしたいのかな？」を考えてもいいんです。それは悪いことではありません。そのためにも、Ｑ７の、「好きなこと」や「やってみたいこと」を取り戻すことも大事です。

考える力は、生まれつきもっているものです。それは「自分の人生を生きる」ために大切なものなんです。

だから君もたくさん考えてみてください。君の人生を誰かに奪われないでください。

Ｑ９　どうやったら人の役に立てるのか、わかりません。だったら、観察と予測をしてみよう！

本当に困っている人って、「自分が困っている」という自覚がないから、困っているんです。だから、何をしてほしいかがわからないし、言えないんです。だからこそ、相手が困っていることを見つけてあげて解決することがすごく大事だし、役に立ちます。

いまの若い人たちはとても優しいです。だから、「将来人の役に立つ仕事をしたい！」という人がたくさんいます。でも、よくよく考えてみたら、「そんなに得意なこともないし、できることもないし、自分が手伝っても、邪魔《じゃま》かもしれないし、迷惑《めいわく》かもしれないし……」と思ってしまって、何をしていいのかわからなくなってしまう人もいると思います。大丈夫です。人を助けるためにすることは、たったの3つなんです。

1つ目は、助けたい人をじっくり観察することです。

たとえば、両手に重たそうな荷物を持った人がいたとします。

まるで動画のカメラか映画監督になったみたいに、じーっと見て、あらゆる情報をキャッチします。

2つ目は、勝手に予測すること。

助けたい人を観察してみて、「このままだとどうなるんだろう?」を予測するんです。「両手が荷物でふさがっていると、ドアのところで困るんじゃないかな?」「重たそうだけど、腰が痛くなっちゃうんじゃないかな?」などなど、勝手に「予測」するのです。

そして、いよいよ3つ目です。

3つ目は、「自分がどう手伝えるかな?」と考えること。

それは、たとえるなら、自分がその人の立場になったときに、どうしてもらえたら嬉しいかなを考えることとも言えると思います。重たい荷物を持ってる人に、「荷物を半分持ってあげようか?」って言ってもいいんです。先回りをして、ドアをあけてあげてもいいんです。その人の行く先にある放置自転車をよけてあげることもできると思います。実は、自分にはできることがいっぱいあったんです。

もしもその人に、「何か手伝うことありませんか?」とたずねても、「いや、大丈夫です」で終わってしまうかもしれません。だけど、自分で観察して予測して考えたら、無言でもできることはたくさんあるんです。

こういう小さいことでいいので、繰り返し、繰り返し、いろんな人を観察して、3つのステップで練習をします。

もちろん、やったことが嫌がられたり、無駄だったりすることもあるでしょう。でも、何度もやっているうちに、想像力の精度が上がります。

それに慣れてきたら、ニュースを見てみましょう。

1. 新聞でもインターネットでもテレビでも、ニュースを見ます。
2. そこには、困ったことや、悲しいことや、不便なことの話がたくさんあると思います。そうしたら、「この人たちは何に困っているんだろう」「ここ、苦労しているんじゃないのかな」と、イメージをふくらませていきます。
3．そして「自分がどう手伝えるかな？」と考えてみます。

世の中の、困ったことや悲しいことや不便なことを見つけて、解決すれば、人の役に立てます。それが仕事です。

ニュースには大きな問題がたくさんあるから、すぐには解決法は思い浮かばないかもしれない。でも、自分が「これはまずいな。何とかしなくちゃ」と思ったことが、人の役に立てば、仕事につながっていきます。

毎日毎日、「これはおかしい」「これに困っているんじゃないか」「なぜこうなってい

る？」と、いつもじっくり観察して、自分のなかに疑問をためていきましょう。

そして、ためた疑問について、「だったらこうしてみたら？」と仮説を立てましょう。

このときに気をつけたいのは、問題を誰かのせいにして、誰かを攻撃しないことです。「どうしようもない学校だ」「先生が悪いんだ！」という非難や、「政治家が馬鹿《ばか》なんだ」と、誰かのせいにして攻撃したとたんに、問題は解決しなくなってしまいます。批判される相手もつらいし、批判するあなたの心も暗くなっていきます。誰も幸せにならないです。


どうやったら良くなるか仮説を立て、仮説が成り立つかどうかを検証し、仮説が違っていれば、また違う仮説を立てて検証して……を繰り返していくことが大事です。「これはよくない。なんとかしないと」

そう考えるとき、君の心には思いやりと優しさが宿っています。将来の仕事を考えるために、能力よりも才能よりも大切なことです。

人の役に立つために必要なのは、他人より優れていることではありません。本当に必要なのは「思いやり」と「優しさ」です。

この2つがあれば、間違いなく君は人の役に立つ人になれます。

Q10 無理なこと、苦手なことが大量にあります。だったら、なんで苦手なのか考えてみたら？

「僕は人と話すのが苦手で友だちもいません。みんなと明るく盛り上がるとか、完全に無理です。『部活に入れよ。仲間ができるよ』と担任に言われたけれど、体を動かすのが嫌《きら》いだし、体が小さいのでバスケとかうまくできない。しかも勉強ができるわけでもなく趣味もありません。得意なことが1つもないし、苦手なことが大量にあって、自分はつまらない人間だと落ち込んでしまいます」

そのほかにもいろんなことが書いてある、君からの長い手紙をもらったとき、ちょっとデジャヴでした。まるで中学生の僕から手紙が来た気がしたから。

14歳の僕は、男子中学生がつるんでやるようなことは、だいたい嫌いで苦手でした。

大勢で芸能人とかスポーツの話をすることの、どこが面白いのかわからなかった。

そもそも団体行動や、にぎやかなのも苦手です。学校の勉強もぜんぜんダメでした。特に運動はダメで、僕が入ったチームは負けます。僕のところにボールが来ると、友だちが怒ります。笑います。先生も笑います。それはとてもつらいことでした。僕には自信がありませんでした。

でも、学校の評価は低かったし、みんながができることができない僕でしたが、僕にはできることがありました。

僕は、団体競技ができなかったけれど、自転車や、登山は好きでした。部活になかったから、自分で1人でやっていました。1日で100キロくらいは自転車で走れるし、北海道の山はだいたい登りました。好きだからやっちゃえました。でもそれは、誰からも評価されませんでした。

僕は、パソコンが好きでした。難しい方程式も、微分《びぶん》も積分《せきぶん》も、パソコンで解くことができました。でも僕は筆算ができないのです。だから僕は、テストのたびに怒られて、算数や数学が嫌いになりました。

僕は本を読むのが好きだったから、国語が好きなはずだったんだけど、漢字を読むのは100点なのに、まるっきり漢字が書けないのです。だからテストのたびに怒られて、僕は国語を嫌いになりました。

それから約40年が過ぎました。僕はいまでも自転車も登山も大好きです。健康です。そして、僕の計算したロケットは空を飛んでいます。僕は作家という仕事をしています。僕の本の一部が大学や高校の入試問題に使われたりしています。まったく評価されなかった僕の「好き」は、大人になったいまでも、僕を支えてくれています。

もしかしたら君は、テストの点数が低い科目を「苦手」「無理」と思ってしまっているのかもしれません。また、学校の人間関係で嫌な思いをしたことから、「苦手」「無理」が生まれてしまったのかもしれません。ほかの人ができることができないことや、ほかの人より上手にできないことを「苦手」「無理」と思ってしまっているのかもしれません。

でもね、思い出してほしいんです。小学校に入学して、はじめて教科書をもらった日。全部輝いて見えていたはずです。早く学びたかったはずです。友だち100人できるかなの歌を歌ったかも。なのに、勝手に点数つけられて、勝手に比べられて、団体行動を強要されて、苦手と嫌いを植えつけられてしまっただけじゃないでしょうか。でもそれは、「学校のやり方」と相性が悪いだけです。だったら、自分の方法で学んだらいいです。映画でも小説でも旅行でもアニメでもなんでもいいです。学ぶとは、教えられたことを覚えることではありません。みんなと同じことをすることでもありません。自分で疑問を感じて、自分で調べることです。学校の評価や、他人の評価で、苦手や嫌いを感じてしまうのはもったいないです。

学校や他人が評価してくれないことを、価値が無いと思わないでください。

なぜなら、他人からの評価で自分の価値を決めてしまうと、一生「人からどう見られるかな」「人からどう思われるかな」と、他人の目線を気にして生きることになってしまうからです。それでは、自信を持つことは難しく、不安な毎日を送ることになってしまうかもしれません。僕には苦手がたくさんありました。でも、社会に出てみたら、それは苦手ではありませんでした。僕には好きなことがありました。それは学校では評価されませんでしたが、いまの僕を支える力になっています。

きっと、君にも「好き」があると思います。少なくとも、小さい頃はたくさんあったと思います。ぜひ、その「好き」を大切にしてほしいです。

そして、「好き」に「読む」「書く（描く）」「作る」「調べる」をくっつけてみてください。それはすべて、素晴らしい研究になってしまいます。間違いなく君の能力を高めてくれます。学校の評価などに負けないで、自分の「好き」を大切にしてあげてほしいです。

Q11 得意なことが何もないんですが、将来仕事できるでしょうか？

だったら、得意じゃなくていいから、できることを増やしてみたら？

僕は日本の教育で行われている「理系」「文系」という分け方が嫌いです。なぜなら、社会に出たら、理系も文系もないからです。両方の能力が無いとつらいです。

ましてや、「理系が好きだから理系」「文系が好きだから文系」ならともかく、「文系が苦手だから理系」「理系が苦手だから文系」という選び方をさせてしまうような進路指導は、本当にやめてほしいです。なぜなら、社会に出てからは「これ苦手だからやりたくありません」をしてしまうと、仕事の幅がどんどん狭くなっていくからです。

僕は、「得意なこと」とは、「人より優れたこととは限らない」と思っています。

「得意なこと」とは、自分が安心して取り組めることだと思っています。

「苦手なこと」とは、「人より下手なこととは限らない」と思っています。

「苦手なこと」とは、物理的に困難なことや、心理的に生理的に拒否反応が出ることだと思っています。そして、得意なことと、苦手なことのあいだに、「できること」があると思っています。得意でもない。苦手でもない。できる。という能力です。

ぼくはこの「できる」が意外と大事だということを知っています。

僕はいま、会社を経営しています。でも僕は、会社を作るまで会社を経営したことがありませんでした。だから、僕は「やったことがないこと」をやってしまいました。

それができたのは、本を読んで会社の作り方や、会社の経営の仕方を調べてみたら、なんとなく「できそうなこと」が多かったからです。だから、できそうなことを自分でやりました。そして、「できないこと」は、お金を払って、「できる人」にお願いしました。

僕は、経理や事務をしたことがありませんでした。でも、できそうだったからやってみました。最初は難しかったけど、慣れたら「得意ではないけれど、できること」になりました。僕は、営業をしたことがありませんでした。でも、自分が作ったものの説明は自分でしたいと思いました。なぜなら、その製品を一番よく知っているのは、自分だからです。最初はたくさん失敗もしました。でも、慣れたら「得意ではないけれど、できること」になりました。

僕は、「やったことがないからできない」「苦手だからできない」と思わないようにしました。

「やったことがないことは、やればできるようになるだろう」「苦手なことは、やっていれば上手になるだろう」と考えました。そうしたら、いろんなことが「得意ではないけれど、できる」ようになりました。そして、意外とそれで十分でした。

しかし、「高いところ」は、いまでもダメです。僕は観覧車に乗ることができません。高所恐怖症なのです。それなのに、僕の会社には、微小重力状態を作るための、高さ57メートルのタワーが建っています。時々整備のために登《のぼ》らなければいけません。

僕はいままで、そのタワーに一度も登ったことがありません。何度か挑戦《ちょうせん》しましたが、まったくダメでした。これぱっかりはどうにもならないです。でも大丈夫、僕の会社の仲間のなかには、高いところがまるで平気な人がいました。彼が僕の代わりに登ってくれるんです。

人には、いろんな能力があります。そして、「できること」と「できないこと」があります。だからこそ、人は助け合うのです。補い合うのです。

時々、できないことを頑張って克服《こくふく》しなさい！　という意見にも出合いますが、僕の高所恐怖症がどうにもならないように、克服できないこともあります。たとえば、食物アレルギーは、無理して克服しようとしたら死んでしまうことがあります。金属アレルギーの人が鉄工所で働くとか、動物アレルギーの人がペットの仕事をするとか、かなり無理があります（科学が発達しているので、アレルギーも昔よりは抑えられるようになっていますから、不可能ではありませんが）。大事なことは、得意なことにこだわらずに、「得意じゃないけどできること」を増やすことです。そのためには、できるだけたくさんのことを経験するといいです。やったことがないことをやるほどに、できることが増えていきますよ。学校の部活や勉強以外にも、市のボランティア活動などに参加してみるだけでも、相当にできることが増えます。

「得意じゃないけどできること」が増えると、小さな自信がどんどん増えていきますよ。

Q12 何かやろうとするとかならず邪魔が入ります。だったら、「邪魔」を「条件」と考えてみたら？

人生は思うようにならないです。というと、人生に絶望してしまうかもしれませんね。でも大丈夫、そんなに重たい話ではないです。たとえば、楽しみにしていたキャンプの日なのに、朝から雨が降っている。がっかりです。「なんで雨降るんだよ！」とぼやいても怒っても、天気はやすやすとは変わりませんね。

そんなときには、「悔しい」という気持ちや、もしかしたら、「自分は運が悪い」なんていう気持ちになってしまうかもしれませんね。でもね、君のキャンプにとっては、雨は嫌なことかもしれないけど、雨が降って助かったり喜んだりしている人もいるのです。そもそも、ずーっと晴天で気持ちいい気温の日が続くなんて、地球上にはあり得ないですね。そんな日が続いた地域は砂漠になってしまうと思います。

人生は思うようにならないです。かならず思いもしない障害があらわれます。僕はそれを「条件」だと思うようにしています。そして実は、条件があるからこそ、具体的に考えることができます。

たとえば、まったくなんの障害もない自由な状態だったら、僕らは服を着る必要もありません。靴《くつ》を履《は》く必要もありません。必要が無いから、服も靴も生まれてきません。

でも実際には、気温が変化します。人間が持つ体温調整機能だけでは間に合わないので、僕らは衣類を使って体温をコントロールします。だから僕たちは、裸では行けない場所に行けます。南極や北極や、様々なところに行けるのは、条件に対応した衣類のおかげです。

歩くにしても、地面が石ころだらけなら、丈夫な靴が必要です。地面が水浸《みずびた》しなら、長靴が有効です。僕らは、靴によって、裸足では行けなかったところに行けるのです。

思うようになる人生というのは、言ってみれば、素っ裸でどうにかなる世界なのかもしれません。でもそれは、きっと、自分の部屋のなかとかのように、とても狭い世界かもしれません。僕らは、いろんな条件に立ち向かうことで、自分の世界を広くしてきたのだと思います。自分のやりたいことを妨《さまた》げる邪魔が入ったときには、ぜひ、その「邪魔」を「条件」として、その条件を克服する方法を考えてみてください。そうしたら、自分の世界がどんどん広がっていくと思いますよ。

Q13 自由にやっていいと言われると、何も思いつきません。だったら、「条件」を聞き出そう！

僕は、何年も前からスーパーサイエンスハイスクール（SSH）の運営指導に関わっています。文部科学省が指定した高校などで、科学技術振興機構の支援によって、「本当に役立つ理数系の勉強をしよう、国際的で創造力豊かな子どもを育てよう」と考えられたカリキュラムを行っています。

SSHでは、「課題研究」というものがあります。自分でテーマを見つけて研究するという、素晴らしい取り組みです。たいていの学校ではテーマを見つけるための制限はありません。自由です。

ところが、自由に考えていいのに、テーマを見つけられなくて困ってしまう生徒が多いです。テーマが壮大すぎてデータが集められなかったり、時間が足りなかったり、逆に安易すぎて、研究で掘《ほ》り下《さ》げられなかったり……。自由なのに……。実は、ＳＳＨの課題研究のテーマを見つける力って、普段からいろんな疑問を感じ、自分なりに「だったらこうしてみたら？」を考えていることと共通点がたくさんあるんです。そしてそれこそが、社会の問題を解決したり、新しい発明や発見につながる、とても大事な能力なんです。

それは、人が生まれつき持っている能力です。小さい頃を思い出してみてください。いろんな花をながめたり、石を拾って集めてみたり、虫取りをしたり……。車の窓から月を見ていて、なんで月はついてくるんだろうって思ったり。僕たちは小さい頃は、身の回りにたくさんの疑問を感じていたんです。

ところが、小学校に上がったあたりから、僕らが疑問を感じたことは、いろいろ考える前に教科書で正解を教えられてしまいます。そしてテストでは、問いと答えをいかに暗記しているのかが重要になります。これでは、覚える力は伸《の》びるかもしれないけど、考える力は伸びていきません。それこそが、「自由に考えていいよ」と言われたときに、「どうしていいのかわからない」という状態をつくりだしているのだと思います。そして実は、「自由（無条件）」っていうことが、問題を難しくしているとも言えます。

たとえば、「自由に自動車をデザインしていい」と言われたとします。最初は、「うわー、自由だってさ！」と嬉しくなると思いますが、まもなく困り果てると思います。だって、そもそも、自動車の大きさをどうやって決めましょうか？　大きいほうが広々していいような気がしますが、あんまり大きいと道路の幅をはみ出してしまうかもしれませんね。背丈が高いと、立体駐車場に入れないかもしれません。もちろん、ドライブスルーも使えないね。

そんなとき、「条件」があると、具体的に考えることができるようになります。道路の幅や、立体駐車場の高さや、ガソリンスタンドの給油ノズルの太さなんかも大事な「条件」ですよね。乗る人の数や身長や体重なども「条件」です。実は、まったくの自由よりは、条件があったほうが、考えやすくなることもあるのです。

たとえば、スーパーサイエンスハイスクールの課題研究にしても、「まったく自由」よりは、条件があったほうが考えやすいかもしれません。

もしも僕が生徒で、「自由に課題研究のテーマを考えなさい」と言われたら、まず条件を質問すると思います。「期間はどのくらい使えますか？　予算はいくらまで？」。

「1カ月で研究しなさい」と言われたら、「猫《ねこ》が生まれてから死ぬまでの生態観察」というテーマは期間的に明らかに無理だとわかるし、「予算は3万円です」と言われたら、宇宙に届くようなロケットは作れないとわかります。

でも「1カ月・3万円」という条件があるからこそ、考える範囲《はんい》を絞《しぼ》ることができます。条件があるからこそ、何も考えずに宇宙ロケットを作り始めて、「ああ、お金と時間さえあればできたのに」と放り出さずにすみます。

また、条件は、与えられるだけではなく、自分のなかにもあると思います。好きなことは頑張れるし、そうじゃないことはやる気が起きないものです。

もしかしたら、「何も思いつかない」原因は、「自由すぎる」にあるのかもしれません。だから、思いつかない自分を責めないで、まずは、「条件」を書き出してみると、考えが具体的になっていくかもしれませんよ。

Q14 先のことがわからず不安です。頭が悪いので将来が暗いです。だったら、「近い未来の予測能力」を上げてみたら?

まずは、不安について考えてみましょう。不安とは、「これからどうなるんだろう」「どうしたらいいんだろう」という状態のような気がします。

では、この不安はなぜ生じるかというと、近い未来の予測ができていないからです。近い未来の予測とは、「こうなるんだろうな」「こうすればいいんだろうな」です。それができると、不安はすうっと消えていきます。

たとえば、「明日はマイナス15度の極寒なのか35度の暑さなのか、大雪なのか竜巻《たつまき》なのか太陽さんさんなのかまったく予想がつかない！」だったら、かなり不安だと思います。

これではいろんな計画を立てることも難しいですね。

これほど科学が発達しても100％当たる天気予報はないと言われますが、だいたいはわかります。仮に天気予報がなくても「まあ、いまは冬だから、さすがに明日は猛暑日になることはないだろうね」くらいは誰でも予測できます。その予測ができるのは、何度も冬を経験しているからです。

人は遠い未来を完全に予測することはできません。でも、近い未来の予測はできます。予測ができたら、対策を準備できます。そうすれば、不安は減っていきます。予測ができるのは、知識と経験のおかげです。そして、知識と経験が多いほどに、予測の精度は上がっていきます。ということは、知識と経験を増やせば、不安が減る、ということです。

時々、「自信がありません」「不安です」という人がいます。そういう人たちは、自信がなくて不安な自分のことを責めていることもあります。でもそれは、知識と経験が足りないだけなんじゃないかなと、僕は思っています。

え、知識が必要？　だとしたら、頭が悪い自分はダメじゃないですか！　と思ってしまうかもしれませんが、そうじゃないです。

君は自分は頭が悪いと思っているかもしれないけど、その根拠は学校の成績じゃないかな？　でも、学校の成績が悪いからといって、頭が悪いとは限りません。

同じように、学校の成績がいいからといって、頭がよいとも限りません。学校の成績とは、人間の能力のごく一部を数値化したものにすぎません。ですから、学校の成績程度で、自分自身の価値を考えてはいけません。

それどころか、学校の勉強や成績にとらわれると、とても大切なものを失ってしまう可能性があります。学校の勉強は、勉強がどれほど身についたのかを確認するために、評価しなければいけないことになっています。最も手っ取り早くわかりやすい評価の方法は、「教えられたことを、どれだけ覚えているか？」です。でも、それだと、「教えられたことを覚える」能力は評価できるのですが、それ以外の能力は評価できません。実際に社会に出てみたらわかりますが、社会では暗記に頼《たよ》ってする仕事など、ほとんどありません。間違いを防ぐために、かならず資料を確認します。そしていまでは、タブレットやスマホが普及《ふきゅう》して、かなり複雑な情報でも瞬時に正確に確認できるようになっています。現在の社会では、暗記能力はほとんど必要とされていません。

しかし、昔は違います。印刷技術が無かった時代には、本や資料はとても貴重でした。だからこそ、「暗記」がものすごく重要だったのです。日本のテストの原型は、実は、印刷技術が無かった時代に行われていたテストだそうです。そんな昔の方法が、いまだに使われているのです。

これからの時代は、昔とは違って社会がとてもはやく変化します。特に、ロボットやＡＩが普及してきた現在は、暗記はロボットやＡＩの仕事です。人間の仕事は、「考える」になりました。考える力は、「教えられたことを覚える」では成長しません。むしろ退化します。

考える力は、自分で疑問を感じて、自分で調べることで伸びていくのです。そのときに重要なのが「好き」です。大好きなことや趣味は、興味があるから調べたくなります。覚えちゃいます。頑張れます。それこそが、考える力を育てるためにとても大事なんです。

これからの時代は、学校の成績などで自分を悪く評価しないで、子どもの頃のように、様々なことに興味や関心をもつことが大切です。それは、知らない間に知識と経験を増やしてくれて、気がついたら、不安が減っています。ぜひ、自分のなかの子どもっぽい部分を大切にしてほしいです。

Q15 勉強ができなすぎて恥ばかりかいています。だったら、「覚える」をやめてみたら？

「学ぶ」の話をすると、みんな学校の勉強だと思ってしまうのがすごく残念だと、僕はいつも思っています。

学校の勉強は、「教えられたことを覚える」というやり方です。漢字、言葉、年号、数式など、「覚えなさい」と言われたことを丸ごと覚えて、知っているという状態にするのが学校の勉強です。つまり、「学ぶ」ではなく「覚える」なんです。

Eテレでやっていた、中世の学校を舞台にした海外の子ども向けアニメーションを見たことがあります。普通の人はまだ貧しかった時代だから、教科書を持っているのは先生だけ。生徒には石板しかありません。

先生は教科書の内容をそのまま黒板に書き写し、生徒はそれをそのまま石板に書き写します。教科書が貴重品で、コピーもなく、ノートもない時代だから、そうするしかなかったんでしょうね。

でも、こんな数百年前と同じことが、いまだに行われています。

生徒全員が教科書を持っているのに、先生が教科書をもとに黒板に書いたことを、生徒はそっくりそのまま書き写している。石板がノートや液晶タブレットに変わっても、同じことをえんえんとやっている――すごく不思議だし、非効率的です。中学や高校のとき、僕はものすごく学校の成績がよくありませんでした。なんたって、「教えられたことを、意味もわからず暗記させられる」というのが嫌ですから、勉強が好きになれませんでした。でも僕は、自分で勝手に、飛行機やロケットの勉強をしていました。それは好きなことだからいくらでも頑張れるのです。スペースシャトルの勉強のためには、英語の本も買いました。辞書を引きながら読みました。でも、そこで覚えた英単語は、1つもテストに出ませんでした。だから、「無駄なことをするな！」「そんなことをしてるヒマがあったら勉強しろ！」と怒られました。それでも僕は大学で飛行機の勉強をしたいと思いました。先生は「絶対に受からないからやめろ」と言いました。でも受験したら受かってしまいました。そして、大学に入ってからびっくりです。大学の勉強はすべて、学校の先生が「くだらないからやめろ」ということだったからです。

そして、大学のテストは感動的でした。テストなのに、資料をいくら持ち込んでもいいのです。そのかわりにテストの問題はものすごく難しいのです。僕はその方法を聞いたとき、踊り出しそうになりました。だって、それこそが、僕の求めていたテストだったからです。資料を用意する段階から、テストが始まっているんです。どの資料を用意すればいいのかを、自分で考えるのです。そしてそれは、社会の仕事のやり方そのものでした。社会では、暗記に頼ってする仕事なんてありませんでした。かならず資料を使って確認するのです。

いまや、オンラインでいくらでも世界の情報が手に入ります。スマホで検索《けんさく》すれば出てくるんですから、苦労して覚える必要はますますなくなっていくでしょう。

それなのに、「覚える勉強」が続いているのはどうしてでしょう？

「知らないこと、わからないこと」があると恥ずかしいのは、なぜでしょう？

僕の推理では、みんな小学生のままでストップしちゃっているからだと思います。

小学校低学年だと知っていることはほとんどありません。だから、社会で最低限必要なひらがなや、アルファベットや、かけ算などを「覚える」のはとても大事です。その頃は覚えることにワクワクし、自分が知っていることが話題になると、「僕、それ知ってる！」と嬉しくなります。でも、学校は評価をします。覚えたことが多くて正確なほど「頭がいい」と言われます。自動的に、「知らない」「わからない」だと「頭が悪い」と言われてしまいます。

だから「この問題、わかる人」と先生に言われたとき、みんな手をあげているのに、自分はわからないとなると、大パニック。頭のなかでは「どうしよう、どうしよう」とグルグルします。でも、わからないということがみんなに知られるのが恥ずかしいので、

「当たりませんように」と祈りながら半分だけ手をあげたりします。

そういうときに限って指名されてしまい、余計に困り果てる——君にそんな経験はないでしょうか？　僕はあります。

「わからない＝恥ずかしい」という思いが強すぎるから、大人になっても、わかっていないのに「わかりました」と答えてしまう人もたくさんいます。

「知らない、わからない」と言ったとたん、ダメ人間だと思われる、と恐れている人もいます。

本当は、「覚える」の次の段階に「考える」があります。小学校のときの「算数」が、中学校になると「数学」になるのはそのためです。数学とは、論理的な考え方を身につけるための学問です。

なのに日本では、中学でも、高校でも、「公式と解き方を暗記する」になってしまっています。

なぜなら、テストがマークシートだからです。マークシートは、採点の手間を減らしてくれます。しかし、自分の言葉で説明する記述式とは違って、「正解を選ぶ」だけです。残念ながら日本の教育では、「考える」を身につけることがとても難しいのです。

いまは中世ではありません。新しい出来事、新しい考え方、新しいやり方、新しい情報がどんどん発見され、どんどん生まれています。

仮に、この世界に知識が100しかないのなら、まるっと100の知識を覚えた人が「すごい人」です。

でもね、教科書に書いてあることが世界のすべてでしょうか？　そんなわけないですね。では、本屋さんの本をすべて暗記すればいいのでしょうか？　図書館の本をすべて暗記すればいいのでしょうか？　そんなわけないですね。世界の知識は無限に増え続けているのです。世界のすべてを知り尽くすなんて不可能です。世界は「わからない」「知らない」に満ちあふれているのです。なのに、「知ってる」が素晴らしくて、「知らない」は劣っている、という考え方の人がいます。学校でそう教えられてしまった人たちです。彼らは、自分が知っていることを知らない相手を見下します。自分が知らないことを知っている相手には、「そんなくだらないこと知ってどうするんだろうね」「そんなことは、知る必要も無いことだ」と、知らない自分を守ります。こういう人たちは、ものすごく狭い世界で生きている人たちです。この人たちは、「知らないことを知る」

と「わからないことがわかる」の喜びを知らないのかもしれません。

いまテレビでは、クイズ番組が流行しています。大人が、小学校の問題を解いて一喜《いっき》一憂《いちゆう》しています。自分が知っている問題のときは、「それは○○だ！」と答えを言うのに、自分が知らない問題のときは静かになります。「知ってる」をほめてほしいのでしょう。「知らない」は気づかれたくないのでしょう。

また、クイズでは、解き方を覚えている人が有利ですし、たくさん正確に暗記している人が有利です。クイズ王に一流と言われる大学の人が多いのは、彼らは「覚える」勉強が得意だからかもしれません。

でも、人生はクイズではありません。人生には、教科書も、参考書も、攻略本もありません。最適な解法もありません。そして、人生は一度きりですから、僕らは毎日毎日、経験したことがない新しい日を生きているのです。だから僕たちは、毎日「知らないこと」に出合うのです。それは「知ってること」の範囲では理解も解決もできないことなのです。

「知ってること」の範囲では、僕らは、進化も成長もできないのです。

世界も人生もわからないことに満ちあふれています。

そして、「知らないことを知る」「わからないことがわかる」というのは、ものすごい喜びなんです。その瞬間、脳は思いっきり成長するんです。

知らないこと、わからないことが多いという君はラッキーです。これからたくさんの「知らないことを知る」と「わからないことがわかる」の喜びを経験できるのです。そして、それこそが、未知なる人生を生きるために必要なものなんです。

「知らないなんて恥ずかしい」なんて思わなくていいんです。

「覚えられない自分」をダメだと思ってしまうのは、無理して「覚える」を頑張ってるからかも。いったん、無理して「覚える」のはやめてみて、いろんな「やったことがないこと」にチャレンジしてみてください。そうしたら、いろんな「知らない」と「わからない」に出合って、いろんなことを知って、君の能力はどんどん増えていくと思います。

Q16 勉強しなくちゃと思うけど、嫌いです。どうしたらやる気が出ますか？
だったら、「学ぶ楽しさ」を味わってみたら？

将来のことを考えたら、勉強はしたほうがいいと、たくさんの人が思っています。「こういう成績をとって、レベルが高いと言われる大学に行くのが将来のためだ」という人もいれば、「英語の勉強をしておけば将来役に立つ」とか「勉強して資格を取ると就職に有利だ」という人もいます。

「勉強したら将来の選択肢が広がる」という人もいます。

でも、共通するのは、「将来不幸にならないために勉強をする」というように、勉強を義務のように考えていることです。

「勉強は楽しいし、面白い。もっと知りたい！」と感じている人は、相当に少ないです。まるで「ブロッコリーは嫌いだけれど、体にいいから食べなきゃダメ」と大人に言われた子どものように、勉強をしています。僕が高校を卒業したとき、卒業式の後、学校の門を出たところで、「もうこれで一生勉強しなくてすむ！」と叫《さけ》んでいた子がいました。

よっぽど勉強を嫌々やっていたんでしょうね。

僕は、日本の教育は勉強を嫌いにしてしまっているのではないかと考えています。だから「勉強が嫌いだ」という君の気持ちもよくわかります。

本当は、勉強は、「将来不幸にならないための義務のための我慢」ではありません。小さい頃は、調べるのも、知るのも、覚えるのも楽しかったはずです。それがいつの間にか嫌いになってしまったのは、学校の勉強との相性が悪いだけです。

だったら、違う方法で学べばいいです。それは「好き」を活かした「やったことがないことをやってみる」という学び方です。

「やったことがないこと」をやると、たいていうまくいかないです。普通ならここでやめたくなるのですが、そこをつなぎとめてくれるのが「好き」です。さて、うまくいかなかったから、「こうやったらダメらしい」というデータが手に入ります。だから「次はこうやったらいいんじゃないかな？」って仮説を考えることができます。それを試してみて、うまくいったらすごく嬉しいです。そうすると欲が出てきて、もっと良くしたくなります。実はこれこそが「学び」なんです。学びはとっても楽しいんです。知らない間に、頭がどんどんよくなります。

僕の会社で働いている人のお子さんの話です。

その子は、小学生です。恐竜が大好きだそうです。でも、それを友だちに話すと「子どもっぽい」と言われたそうです。お父さんも「恐竜なんて覚えてもなあ……」と思っていたそうです。でも、その話を聞いたとき、僕は「え！　僕も恐竜好きだよ！」と思いました。そして、僕の好きな本をプレゼントしました。その本は、北海道で発掘《はっくつ》されたむかわ竜の本でした。内容は小学生にはちょっと難しいかなと思ったのですが、その子はその本を読んでしまったそうです。

そうすると、彼の学校の成績がどんどんよくなって、塾《じゅく》に行っていないのに、学年で一番になってしまったそうです。

「好き」だから、読んだことのない難しい本を読んじゃって、そうしたら、自然と脳が発達して、さらには、むかわ竜を発掘した先生に憧れて、その先生の下で学びたいと思ったからこそ、その子の勉強は、「将来不幸にならないための義務」ではなく、「夢を叶えるための手段」になったのだと思います。

「学ぶ楽しさ」は、学校の勉強以外にもそこら中に転がっています。ゲームでもいい。歌うことでもいい。君が好きなことで、「学ぶ楽しさ」を味わいましょう。

そのとき、「好きなこと」に、「読む」「書く（描く）」「作る」「調べる」をくっつけたら、素晴らしい勉強になります。

ゲームをよく観察して、「どうやったら攻略できるか」とイメージをふくらませて、「こうじゃないかな？」という仮説を立てて、試してみる。それでクリアできると、楽しくなります。このとき、絶対に「ラクラクできる攻略法」を見たりしないことです。イメージをふくらませて仮説を立てるところが勉強なので、誰かが教えてくれる「こうすれば簡単にクリアできる」とか「課金で全部解決」という方法をやると、学びにならないです。

たいていのことは、やった量に比例して能力が高まります。ということは、たくさんやるのが大切です。ゲームをする、歌う、料理をする、絵を描いてみる、なんでもいいから、自分でやってみる。これが「学ぶ楽しさ」を味わう一番の方法です。

Q17 知識より経験が大事だと思いますが、それだけじゃ不安です。だったら、「考える力」を身につけよう！

「経験」はものすごく大事です。昔から、10の座学より1の実践、なんて言われています。同時に「知識」も、ものすごく大事です。おそらく、知識と経験の関係はかけ算です。知識が100でも、経験がゼロなら、かけ算の結果はゼロです。知識も経験も、バランスよく身につけておくことで力になります。

いま、学校は忙しいです。特に中学校は、勉強も忙しいですが、部活も忙しいです。土曜も日曜も部活なので、社会人である家族と過ごす時間もわずかです。時間で言えば、過労死レベルを超えています。

本当は、義務教育である中学校を卒業した段階で、社会で働く能力を持っていなければいけません。しかし、そうなっていませんね。残念なことに、現在の中学校の勉強は、高校に進学するための「受験対策勉強」になってしまっているように見えます。

学校で教える「知識」は、そのほとんどが「教科書に書いてあることを覚える」です。

社会に出てから必要になる社会経験は、職場体験という名前で行われていますが、地域によっては1年間に4時間だけ、というケースもあります。

また、知識と経験はとても大切なのですが、学校の場合は「評価」というものがあります。評価は、教えたことがどれだけ身についているかの確認のために大切なものなのですが、実は「経験」を評価するのはとても難しいです。でも「知識」を評価するのは簡単で確実です。

そのため、「評価」を必要とする日本の教育は、かなり「知識」に偏《かたよ》ってしまいます。しかもその知識の多くは、実社会で必要な知識というよりは、高校受験に特化したとても狭い世界の知識です。

僕は、中学校の頃から飛行機やロケットの勉強をしました。でも、そこで得られた知識と経験は学校のテストに出ませんから、「無駄なことはやめろ」「そんなことをしているヒマがあったら勉強しろ」と言われます。

でも、大学に進学して飛行機の勉強を始めたら、中学や高校時代に「無駄だ」「くだらない」と評価された僕の知識や経験はとても役に立ちました。そして、その知識と経験は、いまでも僕の仕事を支えてくれています。

学校の部活と勉強も大事だけど、それ以外にも、将来自分がやりたいことについての知識と経験を得ることもとても大切だと思います。

ただ、僕は知っています。「知識」と「経験」だけでは、進化も発展もできないのです。なぜなら、「知識」も「経験」も、過去のものだからです。もちろん、過去の「知識」と「経験」も、とても大事なものです。もしもこの世に本が存在していなければ、僕たちは大人になる頃に、せいぜい土器をつくることができる程度でしょう。僕たちがいま、いろんなことができているのは、先人たちが知識と経験を「記録」に残してくれたからなんです。

僕は2006年に、宇宙と同じように重さがない状態を地上で作り出せる実験装置を作ることになりました。しかし、作り方がわかりません。だから、作り方を調べました。ドイツの実験装置は、規模が大きすぎて参考になりませんでした。アメリカのNASAの実験装置は、規模が小さくて参考になりませんでした。困り果てて大学の先生に相談したけれども、先生も作り方がわかりませんでした。そのときに僕は気がついたのです。どんなすごい大学に行こうとも、教えてもらえることはすべて過去のことなんです。これからと未来のことは、誰も知らないから教えることができません。そして残念なことに、僕たちはこれからと未来しか生きることができません。

では、どうやったらこれからと未来に踏み込めるのか？　とても簡単です。「知識」と「経験」というデータを使って、自分で考えて、自分で試せばいいのです。それだけで僕らは前進できます。人類を進化させられるのです。

知識と経験は、覚えるだけで何もしなければ、自分が「本」や「パソコン」になったようなものです。でも本やパソコンは自分で動くことも、何かを生み出すこともできませんね。

本やパソコンの「情報」を使いこなす人が必要です。同じように、僕たち人間は、知識と経験だけでは何もできないのだと思います。

大事なことは「自分で考える」「自分で試す」です。きっと、知識と経験もかけ算だけど、もう1つ「考える力」もかけ算なんだと思います。

そのためにも、「教えられたことを覚える」だけではなく、自分で疑問を感じて、自分で調べて、自分で考えて、自分で試す練習もたくさんしてほしいと思います。それは、学校の成績に関係ないから、無駄だと言われてしまうかもしれないけど、負けないで頑張ってほしいです。

第3章

お金のことが心配で未来が考えられない君へ。

生きていくためには、
なぜお金が必要なのか？
それは、人に払うためです。
なぜ払わなければいけないのか？
それは、自分でできないからです。
自分でできることを増やせば、
払うお金を減らすことができます。

「自分ではできない。してもらうしかない」
そう思ってる人は、
お金を求めるしかありません。
お金に縛《しば》られます。
「自分でできる」を増やせば、
お金がすべてじゃなくなります。
実はお金って、自分の能力だったりするんです。

Q18 お金がなくて大学に行けないので、夢があっても叶いません。だったら、夢を叶える「別のルート」を探してみれば？

「お金がないから、進学できないから、自分の夢は叶わない」

そういう悩みを聞くことが、本当に多いです。確かに大学はお金がかかります。入学金もいるし、４年間の授業料は安い国立文系で約２５０万円。高い私立の医学部なんかだと、６年間で１９００～４７００万円以上もかかります。さらに、みんなが自宅から通学できるわけじゃない。もしも一人暮らしをするなら、生活費もいるでしょう。


君は優しいし、親のことも好きだから、お金の面で大変な思いをさせたくない。だから「お金がないから大学をあきらめるしかない」と思っているのかもしれません。

でもね、同じように君のまわりの大人も、君のことが好きだから、将来お金の面で大変な思いをさせたくなくて、「大学に行きなさい」と勧めているのかもしれません。

でも、そもそもですが、大学って、夢を叶えるために絶対必要なのでしょうか？

大学に行くと、まずは「大卒」という学歴が得られます。

これを手に入れるには大学に行くしかなく、お金がかかります。そして、大卒は就職に有利だと言われていますし、高収入になりやすいというデータもあります。「取りあえず大学に行けば何とかなる」と言われていた時代もあります。そのため、「大卒」という資格を手に入れるために大学に行く人も少なくありません。たしかに、いまから30年～40年前は、大学に行く人はいまよりもとても少なかったです。そのため、「大卒」には希少価値がありました。しかしいまでは、大学への進学率は昔と比べると約2倍になっています。ですから、「大卒」の希少性による価値は半分になったと言えるかもしれません。

また実際には、一生を保障してくれる資格はありません。なぜなら、仕事というものは変化していくからです。それは学歴も同じです。社会が変化して、企業が求めるものが変わっているのです。いまでは多くの会社が、採用条件から「学歴」を外すようになりました。これから大事なことは、「どこの大学に行ったか」ではなく、「何を経験してきたのか」なのです。

また、資格は能力を保証するものでもありません。たとえば、自動車の免許というものがあります。お金を払って講習を受けて試験にパスすれば免許が取得できます。でも、同じ免許なのに、運転が上手な人もいれば下手な人もいて、その能力には大きな差があります。

それと同じで、大卒は就職に有利で高収入を保証するものではありません。また、高卒だろうと中卒だろうと、やりがいのある生き方をしている人はたくさんいます。また、大学に行くと様々な知識や経験を得られます。

でも、実際のところ、大学に行くと最初の1年半くらいは、高校のおさらいの授業がほとんどです。その授業では、教授が教科書に書いてあることを黒板に書き写し、学生はそれをノートやパソコンに書き留めるという、第2章で話した懐《なつ》かしい方法がけっこう多いです。

けれど、いまは世界の科学論文も、インターネットで読める時代です。ネット上で世界の第一人者の講演会も聞けるし、専門家の意見も聞けます。大学のそばの古本屋に行くと、大学の教科書さえも安価に手に入ります。「読んじゃダメ！」というきまりもありません。ですから、大学レベルの勉強は自分1人で安価にできます。2年の後半からは、大学の専門の勉強が始まります。それは、「教えられたことを覚える」ものではなく、「正解のない問題を考える」になります。ここから大学の価値が発揮されます。しかし、中学高校と、教えられたことを覚える勉強しかしてこなかった人たちは、「考える」がとても大変になります。進級できなかったり、大学をやめてしまう人もいます。

僕は、大学には行ったけれど、そこで教えられたことはごくわずかでした。ただし、大学の図書館には本屋では入手不可能な素晴らしい本がたくさんありました。僕はそれを勝手に読みあさりました。そんなことをしても、卒業に必要な単位にはまったく関係ありませんでした。でも、僕は多くのことを学べました。もしも僕が、「大学で専門知識を教えてもらおう」としか思っていなかったら、僕は大学の図書館の本から学べなかったでしょう。大学とは、「学びたいことを、より深く掘り

下げて学ぶため」の場所のような気がします。大学の勉強を自分の能力に活かすためには「学びたい」がとても重要です。ところが、いまの中学や高校では、「学びたい」を考えるヒマがありません。そんなヒマがあったら、受験対策の勉強をして、少しでも偏差値が高い学校に行ったほうがいい、と教えられてしまいます。その結果、大学に行っても、「大卒」という資格は得られるけど、能力を得られないで終わってしまう人がたくさんいます。昔のように、「大卒」であれば就職できた時代ならそれでもよかったのでしょうが、いまはそれではまずいです。

大学というのは、「お金を払って教えてもらう場所」ではありません。「学びを伸ばしてくれる場所」だと思います。何よりも大事なのは、「学びたい！」なんです。だって、そうじゃなかったら、大学を卒業した後、どうやって学べばいいんですか？　大学を卒業したら、また違う学校に行くんですか？

僕の経験では、社会に出てからのほうが、より短時間で、多くのことを学んでいます。会社の作り方も経営の仕方も、わからないことだらけで、苦労も失敗もしたけれど、ものすごい密度で学ぶことができています。それが自分の力になっています。

社会に出ると、なかば強制的に「知識×経験×考える力」のかけ算をすることになります。近い未来の予測能力も上がります。この「仕事をしながら学ぶ」というのは、「オンザジョブトレーニング」といって、人の能力を高めるための、とても効果的な訓練方法でもあります。

僕は、人の能力は「大学に行ったか、行かなかったか」で、大きな差はつかないと思っています。人の能力は、「学びたい！」か、「教えてもらおう」かで、ずいぶん変わるのだと思います。

だから「お金がなくて大学に行けないからもうダメだ」なんてあきらめてほしくないのです。大学以外でも、学ぶことはいくらでもできるんです。そして、大卒の資格が必要な様々な資格も、別に大学に行かなくたって取得する方法もあるのです。大学進学は、手段のほんの1つにすぎません。ほかにもたくさんの手段があるのです。それを調べてほしいです。

たとえば、医者になるのが君の夢だとして、普通だとものすごくお金のかかる大学に行くしか手段がありませんでした。でも、海外で医師免許を取る場合には、日本ほどお金がかからないケースもあります。これも新しい手段です。

また、「医者になりたいのは、なぜなのか？」を考えてみたらどうでしょう。もしかしたら、君が本当にやりたいことは、「人の命を救いたい」であって、医者はその象徴的な手段にすぎないかもしれません。医療器具を作る人、心のカウンセリングをする人も、健康にいい料理を作る人も、命を救っているはずです。

「大学どころか高校にも行っていない」という人も、高校卒業の資格は、3年もかけずに取ることができます。これまでになかった自由さで「学ぶ」ができる、通信制のN高校（角川ドワンゴ学園が沖縄に設置した私立高校）も、どんどん生徒が増えています。中学からいきなり高等専修学校に行くこともできるし、いきなり就職することも可能です。高校を中退していても、いろんなルートを探して夢は叶えられます。

君に覚えておいてほしいのは、夢を叶える手段は1つじゃないこと。

お金を払って教えてもらうだけではなく、自分で学ぶという手段もあること。

そして、進学とは、知識や経験を得るための手段のほんの1つにすぎないということ。

そして、もっと大事なのは、夢を叶えるためにはどうしたらいいのかな？　を考える力ですよ。

Q19 進路指導の先生に「高卒だと就職先がない」と言われました。だったら、自分で探してみたら？

普通科高校の進路指導の先生は、生徒の進路について、ある序列を持っています。

1位：理系の国公立4年制大学
2位：理系の私立4年制大学
3位：文系の国公立4年制大学
4位：文系の私立4年制大学
5位：短大
6位：専門学校
7位：就職

これらは、偏差値によってわけられています。自分の偏差値を超えた挑戦は、「難しいんじゃないか？」と渋い顔をされます。そして、自分の偏差値以下の進路を選ぶことも、「もったいない」と渋い顔をされます。自分の偏差値で合格しそうな進路を選ぶと喜ばれます。そのなかで、「就職」を選ぼうとしたら、「高卒だと就職先がない」と言われることがあります。特に、「自称進学校」という、進学を目指している学校だと顕著《けんちょ》です。

実はこれは、正しいとも言えるし、正しくないとも言えます。実際に高校に「高校新卒採用」の求人を出している会社は、わりと少ないのです。企業は新しい人を必要としたとき、ハローワークに求人の紹介のお願いをします。その手続きは、普通はとても簡単です。すぐに手続きできます。ところが、高校新卒採用の場合は話が違います。その場合は、なぜか提出する書類の量が膨大になります。手続きもものすごく面倒です。しかも、「生徒は1人1社しか受けられない」という謎ルールがある地域が多いです。この1人1社制度は、本来は「学業を優先にして、就職活動の時間を減らす」という、生徒を守るための仕組みだったのですが、実際には、企業も生徒も1回だけのお見合いで結婚するような状態なので、就職してから辞めてしまう可能性が高くなっていると言われています。

これらの仕組みは、高校卒業後に就職することが多かった昭和30年〜40年頃に、生徒を守るために作られたきまりだったのですが、現在の企業からは、「高校新卒採用は面倒で効率が悪い」ように見えてしまうので、そもそも求人が出されません。ということで、高卒には求人が少ない、という状態になってしまいます。でも実際には、高卒を採用したい、というか、学歴を問わない企業は増えています。

少し前に、僕の会社に19歳で就職してくれた女の子がいます。彼女は高校3年生のときに、「卒業したら植松電機に就職したい」と思ったそうです。でも、まわりの大人や先生のなかには、「高卒で就職はできない。しかも植松電機は宇宙開発の仕事なんだから、東大に行かないと無理だ」という人が多くて、あきらめそうになったそうです。でも、ある先生が彼女の背中を押してくれたそうで、彼女は飛行機に乗り、東京からわざわざ北海道までやって来ました。僕に直接、聞きに来てくれたんです。

「私、高校を卒業したら、ここで働きたいんです。東大に行かなきゃだめですか？」

緊張しながらおそるおそる質問する真剣な彼女のまなざしに、「いまだにそんな進路指導をする先生がいるのか！」と、僕は悲しくなりました。ちなみに僕の会社は学歴関係なし。理系も文系も不問です。そして、東大卒の人は1人もいません。

こうして彼女は高校卒業後、植松電機に入社してくれて、わずか1年で3Dプリンターを使いこなし、ロケットを丸ごと作れるようになってくれて、いまではJAXA（宇宙航空研究開発機構）の人たちや、様々な研究者と共同で実験もできるようになりました。彼女には素晴らしい能力があったんです。僕は彼女が会社に来てくれて、本当によかった、と感謝しています。

とはいうものの、企業を訪問する際の交通費がないとか、企業が面談を許可してくれないとか、親が認めてくれなかったりとか、そういう人のほうがはるかに多いと思います。

でもね、大事なことは「だったらこうしてみたら？」なんです。「違う方法はないかな？」を探すんです。

たとえば、「いきなり会社に訪ねていくのは無理」と思うかもしれないけれど、その会社が行うイベントに参加するなら、むしろ歓迎されます。

いま話した彼女も、僕らが土曜日にやっている「ロケットの体験教室」に応募《おうぼ》して、一般の人たちと同じように参加してくれました。就職について僕に直接聞いてきたのは、教室が全部終わって人が帰り始めた頃。ためらいながら、おそるおそる、「質問があるんですが……」と僕に話しかけてくれました。これなら、君にもできそうじゃないかな？

僕らとしても、普通の面接で出会うより印象的だし、自然に話したほうがどんな人かもよくわかります。

この彼女も、いきなり面談だったら、緊張《きんちょう》しすぎて自分のよいところを見せられないで終わってしまったかもしれません。でも、東京から1人で来てくれて、しかも、僕の話もうなずきながら聞いてくれて、ロケットを楽しそうに作ってくれて、そのデザインも個性的で美しくて、ロケットを打ち上げたときも心から喜んでくれて……と、これだけで、僕はものすごい量の彼女の素の情報を得ることができていました。

この「どんな人かがわかる」というのが、重要なポイントです。企業にとっては、せっかく採用したのに、すぐ辞められてしまう、というのは大きな損失です。だからこそ、採用前にその人のことを深く知りたいです。でも実際には、採用試験の最中にかなり無理して演技をしてしまう人が多く、実際のその人の本質を見抜くのはとても難しいです。そこで、就職前からその人のことを知っている〝縁故《えんこ》採用〟をする会社が増えています。

昔の縁故採用はえらい人の子どもや親戚《しんせき》を無理やり採用するケースが多かったのですが、いまは、インターンシップで関わり合った大学生や、元アルバイト。企業のイベントに小さい頃から参加していて、顔見知りになった子たちを縁故採用する企業が増えているのです。

えらい人の子どもや親戚に生まれるのは自分の努力じゃ無理だけれど、インターンシップ、アルバイト、イベント参加でいいなら、小学生でも自分で縁故が作れます。

だから君も、自分が行きたい会社があるなら、その会社のイベントや社会貢献《こうけん》活動にどんどん参加してみるといいです。その会社のことをもっと知ることができるし、すてきなことが起きるかもしれません。

Q20 奨学金のこともあり、とにかくお金がなくて困っています。だったら、「お金」でなく「能力」を稼いでみれば？

「貧《ひん》すれば鈍《どん》する」という言葉があります。頭の回転が速く賢い人でも、生活が貧しくなって金銭的な余裕を失ってしまうと、心までも貧しくなってしまって、判断を誤ったり、知恵が衰《おとろ》えたりして、愚《おろ》かな人間になってしまう。という意味の言葉だそうです。

僕も会社を始めた頃、事業がうまくいかなくて、毎月毎月支払いに追われていたときは、コンビニで、レジの隣の人の財布の中身に目が行ってしまったことがありました。そのとき、ものすごく恐ろしくなったことをいまでも覚えています。

だから、「お金よりも能力が……」という話をしても、「きれいごとを言うな」と思う人がいることもよくわかっています。

中学生、高校生に「夢を叶える方法」を話すとうなずいてくれるけれど、大学生ともなるとそうとは限りません。特に本当に暮らしがギリギリの大学生と話していると、「僕の話を聞いてくれているようで、実は心のシャッターが下りているな」と感じることがあります。

そして、奨学金《しょうがくきん》は、奨学金という名前はいいことっぽいけど、その実態は「奨学ローン」です。卒業や、学校をやめたとたんに、シビアな取り立てが待っています。

親が失業して、学費が払えなくなってしまった。学費は自分で働いて出さなきゃいけない。すごく頑張っている大学生は多いです。なかには、せっかく振り込まれる奨学金を、親が勝手に使ってしまう……という悲しい話もあります。新型コロナの影響でバイトができないので、アパートの家賃も払えない……、でも、学校をやめたら、とたんに奨学金の返済が始まってしまうから、学校をやめるわけにはいかない。などなど、支払いのことや、奨学金のことで悩んでいる人は少なくありません。だからいま、ものすごくわかりやすい詐欺に引っかかる大学生が増えています。普通だったら引っかからないでしょうに、まさに「貧すれば鈍する」なのだと思います。なかには、「金になるから」という言葉で犯罪行為の手伝いをしてしまって、逮捕《たいほ》される人までいます。

せっかく、お金で苦労しない正社員になりたくて大学に入ったのに、実際には学費と生活費の支払いのために苦しい思いをしている、そんな人たちにとっては、最も重要なのは「今日支払うためのお金」です。将来の話や、夢の話など、聞く気になれないのも当然でしょう。

実はそれは、大学生だけの現象ではありません。

いま多くの企業が、支払いのために頑張って働いて、それでも苦しくなる、という現象で苦しんでいます。その原因は「利益率の低さ」です。100％働いて、それでも月々の支払いが精一杯、という状態だと、もしも具合が悪くなって仕事を1日休むだけでも、大変なことになってしまいます。ある製品を必死で作ってきたけど、売れる数が減っていく。だからしょうがないから値引きしてでも、売れる数を保とうとする。でもそれだと、売り上げは守れるけど、仕事はどんどん忙しくなってしまう。これが、「利益率が低い」状態です。しかも、売れない原因が「時代遅れ」だった場合には、「新しい製品の開発」をしなければいけないのに、その時間さえもない。気がついたら、この泥沼から抜け出すこともできない……。となっている会社がたくさんあります。

僕の会社も、最初はそうだったんです。でも、払うためだけに働く日々から抜け出せたのは、僕があることに気がついたからです。

それは、「売り上げを守る」ことよりも「利益率を上げる」ほうが、はるかに大事だということです。

これは、アルバイトで言えば、「費やした労力や時間に対して、得られるバイト代が大きい」という状態です。俗に言う、わりのいいバイトですね。「そんなの当たり前だ！自分もそういう仕事がしたい！」と誰もが思うでしょう。

では、そういう仕事をするためには何が必要なのか？　それは「能力」です。

実は、100万円のお金と、100万円分の人のパワーは同じ価値です。時給1000円だとしたら、25人が5日間働けるパワーですね。100万円は、100万円分の買い物をしたらそれで終わりです。でも、25人と5日間一緒に仕事をしたら、仲良くなれるかもしれません。そして、初日に不慣れだったことが、5日目ともなれば、チームワークで、うんと早くできるようになるかもしれません。

実は、お金を増やすのは難しいのですが、人間の能力を増やすのは、そんなに難しくないのです。お金を増やすためには、株式投資やFXやビットコインなど、いろんな方法があるかと思います。でもそれはうまくいくとは限りませんね。たくさんの人が損をしています。しかも、増える割合もたかがしれています。ところが人間は、うまくしたら100％性能アップなんてことがあり得るのです。

しかも、人間の能力はお金ではないので、税金もかかりません。僕は、投資すべきは人間だと思っています。自分の能力が向上するようにお金を使うようにしています。それを僕に教えてくれたのは、僕の大好きだったばあちゃんです。

僕のばあちゃんは北海道の北にある樺太《からふと》（いまのサハリン）で自動車の会社を経営していたそうです。でも樺太は、１９４５年に当時のソビエト軍に占領されます。そのときにばあちゃんたちは北海道に送り返されます。そこで銀行に行ったら、貯金していたお金はそのまま残っていたそうです。でも、その価値は１／１００になってしまっていたといいます。

だからばあちゃんは僕に教えてくれました。「お金は価値が変わるからくだらないよ。お金があったら、本を買いなさい。お金は、知恵と経験になるように使いなさい」。だから僕は、外食をするときは、なるべく作っているところが見える席を選びます。そうすると、作り方をおぼえることができます。自分のレパートリーが増えます。

地元に帰って、その作り方を飲食店で働いている友人に伝えたら、そのお店のメニューが増えることがあります。そうしたら、それはごはん代以上の価値になるはずです。

これがお金の代わりに能力を稼ぐということだと思うんです。

もう1つ例をあげると、僕の会社には「微小重力《びしょうじゅうりょく》状態を作り出せる実験装置」があります。宇宙ステーションと同じレベルの、高精度の微小重力状態を作れます。実はこの装置は珍しい装置で、日本の他には、ドイツとアメリカにしかありません。そして、日本の装置は、使用料金がものすごく高価で、なかなか使えなかったそうです。おまけにその装置が廃止されてしまいました。多くの研究者が困り果てました。

だから僕は、「国が作らないなら、自分で作ろう」と思いました。研究者が能力を発揮できたほうが、国にとっていいことだと思ったからです。

開発にはたくさんのお金が必要なので、銀行にお金を借りようとしたら、「夢には金は貸せません」と断られました。

しょうがないので個人で借金をしました。かわりに生命保険に入らされたけど、まあ、なんとかなりました（借金の担保に保険に入るというのは、いまでは違法のはずです）。ようやく完成したその装置を、僕たちはなるべく安く使えるようにしました。まったく採算に合わないレベルの金額です。

でも、そのおかげもあって、微小重力状態の装置は、いまではものすごい稼働率《かどうりつ》です。

世界トップレベルの研究者がたくさん来てくれます。僕は、その人たちと話し、いろんなことを教えてもらい、仲良くなれます。実験がうまくいったら、一緒に喜びます。やがて、彼らの成果の論文に、僕らのことも書いてもらえます。そのおかげで、また違う研究者がやってきます。そのご縁で、単価が高くて利益率が高くて学びになる仕事がやってきます。

僕たちは、世界に3つしかない、日本には唯一の実験装置を作ることによって、実験装置の使用料金なんて問題にならないレベルの、ものすごく価値のある知識と経験と人脈を得られるのです。金銭的には赤字だけど、能力としては大儲《おおもう》けだと感謝しています。

これは、たまたまうまくいったケースじゃありません。簡単にできたわけでもありません。「知識と経験と人脈」の価値を信じた結果なんです。

僕の会社には、宇宙開発をしている大学生たちがやってきます。彼らはたいていお金がありません。その実験を僕らはサポートします。当然、赤字です。でもかまいません。

なぜなら、僕らより後に生まれた彼らは、僕らよりも情報が多い世界で育っているから、僕らよりも優秀です。おまけに科学は発達して、僕らができなかったことやあきらめたことを、彼らはやってのけるのです。その素晴らしい若い人たちが、もっと伸びるように支えたら、社会は発展していくと僕は思っています。

だから僕は、返さなければいけない奨学金や、その返済方法には疑問を感じています。そもそも、高等教育は国民の能力を高めるためのものです。高等教育を受けた人たちは、そうではない人たちよりも高度な仕事をして、より多く稼ぐはずです。だから、より多く納税するはずです。だったら、高等教育は無償にしていいのではないかと思うのです。

事実ヨーロッパの多くの国は、大学が無償です。そして、大学を卒業して、就職して、一番給料が安くて、新生活の支出も多い段階から奨学金の返済が始まるなんて、なんて意地悪な仕組みだろう、と思います。奨学金の返済は、子育ても終わったあたりからスタート、でもいいと思います。僕は、進学を考える人たちには、4年間と数百万円〜一千万円ほどのお金がかかることを、しっかり考えてほしいです。借金で鈍な人間にならないでほしいです。自分自身の能力の成長の価値を信じてほしいです。

Q21 将来、ちゃんと稼いで生活していけるか不安です。だったら、「暮らしにかかるお金」を具体的に考えてみれば？

最近は、昔は無かったような新しい仕事がどんどん生まれています。そういう仕事に興味を持っても、大人は、「そんな仕事で食べていけるのか？」と心配します。だから、いまでは多くの若い人も、「自分は将来食べていけるのかな？」と心配しています。不安だから、「高い給料をもらえる会社に就職したい」と言います。でもね、毎月いくらもらったら食べていけるの？　いくらだと食べていけないの？

僕は若い頃、名古屋という大きな町で仕事をしていました。当時は景気が良かったので、28歳のときの月給は40万円以上。これは当時としてもいまも「高い給料」です。でも、都会は家賃が高く、駐車場は家賃よりも高く、毎月ほとんど使い果たしてギリギリの暮らしでした。

そのあと、僕は北海道に帰りました。北海道での給料は10万円。でも、家賃がとても安く、食料品も安く、駐車場は無料でした。結局、名古屋にいる頃よりも、幸せで豊かな暮らしができました。

そもそも、お金がほしいのは、お金を払わなくちゃいけないからです。払わなきゃいけないお金が少しなら、少しのお金で足りるから、高い給料はいらなくなります。大事なのは、人生の「収支」です。いくらもらえて、いくら払うのか、のバランスが大事です。要するにお小遣《こづか》い帳《ちょう》ですね。

そこでまず、生活していくのに「いくらお金がいるのか」を考えてみましょう。

最初に食事について、「1日3食、外食する方法」「すべて自炊《じすい》する方法」で見積もりを取ります。コンビニ弁当は便利だけれど、買い物を格安の業務用スーパーでするなどして自炊すれば、そうとうに安くなります。自分で食事を作るという「能力」があれば、使うお金を抑《おさ》えることができます。僕は大学時代、その方法で食事代を月に1万円に抑えました（いまの食材は昔よりも安くなったりしてるから、いまもそのレベルで生活することは不可能じゃないと思います）。

次に住居費。30日間1泊5000円のホテルで暮らしたら、光熱費も水道代も込みとはいえ、15万円かかります。それは無理だというならワンルームの値段を調べてみましょう。

「東京だと家賃は6万円が最低か」と思ったら、田舎《いなか》の家賃も調べてみます。ものすごく安いことがわかったりします。「絶対都会に住まないといけないのか？」と考えることもできます。住む地域によって、税金ものすごく違いますよ。また、「家を買うと得なのか、損なのか」を考えてもいいでしょう。田舎だと、一軒家が数十万円で買えたりします。

スマホ代、光熱費や水道代、あらゆることについて、「自分の生活にはいまいくらお金がかかっていて、それは絶対に必要なのか」を考えてみたらどうかな。ちなみに、たくさんお金を稼ごうとすると、所得税が増えます。支出を減らすと消費税が減ります。ということは、お金を稼ぐ努力よりは、支出を減らす努力のほうが効果的ですね。

生きていくために、どれだけお金がかかるかがはっきりすると、「これだけ稼げば食べて

いける」と具体的にわかって、安心できます。対策できます。

さらに「自分にかかるお金を工夫次第で減らせる」とわかれば、自分で物事をコントロールできると感じられて、不安が消えていきます。工夫をするために必要な能力を身につける余裕が生まれます。そしていまや、ネットのおかげで、働く場所がどこでもいい、という感じになってるじゃないですか。

「将来、食べていけるかどうかわからない」という漠然とした不安を解決していくためには、具体的に考えるのが一番ですよ。

Q22 お金をたくさん稼ぎたい。高収入になるにはどうしたらいい？ だったら、時間の安売りをやめてみたら？

お金はとても大切なもので、いまの日本で生きていくためには、ある程度のお金は必要です。では、お金ってなんでしょう？

お金は、自分自身の能力です。

それを現金に変換する作業が、「働く」です。

そして、変換レートは変えられます。「必要性」によって変わります。

個人も企業も、社会から「必要だよ」って言われたら生き延びることができます。そして「必要だよ」と言われるためには、「他の人ができないことができる」といいです。みんなが教えてもらえることは、差になりません。なぜなら、みんなが知っているからです。

みんなができることも差になりません。なぜなら、みんなができるからです。考えてみてください。見分けがつかない同じものがたくさんあったら、比べられて、一番安いものが選ばれてしまうのです。人間も同じです。「普通」だと、「安く」なってしまうのです。食べていけなくなってしまうのです。なのに日本では、「みんなと同じ」「教えられたことを覚える」教育をしてきました。でもそれは、いまでは「食べていけない」ものになってしまったのです。

収入を増やすためには、「能力」を高めることと、「必要性」を高めることが一番です。「そんなこと、簡単にできそうにない」という君に、すぐに実行してほしいことがあります。

これは「バイト地獄《じごく》」に陥《おちい》っている、大学生にも役に立ちます。バイトで生活している大学生が追い詰められていくのは、飲食など大学生がよくやるバイトの単価が安くて、長時間働いているからです。

長時間働くと忙しいし疲《つか》れるから、料理や家事をする余裕もない。コンビニ弁当を買っていると食費が高くなるからもっと働かなければならず、もっと時間がなくなる。学ぶことも自己投資もできないから、能力が上がらない。毎日バイトばかりで人と会う暇もないから、将来につながる出会いもない……。この悪循環《あくじゅんかん》に陥っている人が少なからずいます。

長時間バイトの悪循環から抜け出すためには、一度、立ち止まるしかありません。安くあくせく働くのをやめて、自分の能力を上げるための投資が必要です。

だったら、どうすればいいんだろう?

君が親元にいて生活に困らないのなら、一度すべてのバイトを辞めてみるといいです。自由に使えるお金は減るけれど、時間を得られます。その時間を使って本を読む、会に参加する、いろんな方法で自分に投資をすると能力が上がっていきます。知識と経験と人脈が増えます。

君がバイトなしでは暮らしていけない状態なら、できる限り短時間で終わるバイトを探してください。お金がたくさん稼げて短時間が理想ですが、同じような時給のバイトしか見つからないなら、長期のバイトを避けてください。「短い時間で終わる、単発のバイト」を探しましょう。

長期バイトだと1つのことを長く続けるので、いろいろな経験を積むことができません。一方、短期の単発ならバラエティに富んでいます。僕が学生時代にやったのは、マネキンの運搬《うんぱん》、デパートの掃除《そうじ》、引っ越し屋さん、JRの架線《かせん》を引っ張るバイト。

「タバコを吸わない健康な若者」ということでやった医療系のバイトは、「可能な限り息を止める」というものでした。2時間の拘束《こうそく》で5000円ほどだと記憶《きおく》しています。

失神ギリギリまで息を止め、窒息《ちっそく》に近い状態になる。医者はその間の血液中の酸素濃度《のうど》を測るのです。足の甲を切られて、動脈にパイプをつながれて、大勢の医者に囲まれる……。

お正月に餅《もち》を喉《のど》に詰まらせる、お年寄りのレスキュー対策の研究だったようですが、「ああ、こういう地味でめんどくさい研究をしてる医者がいるんだ」と知る珍《めずら》しい経験でした。僕たちの会社はいま、医大と連携して医療機械の開発をしていますが、あのバイトとなんとなくつながっている気がします。

　めんどくさそう、ルールが厳しそう、キツそう、勤務時間帯が深夜や早朝といった「人がやりたがらないバイト」を選ぶのがコツです。へんてこりんなバイトをやればやるほど、人生のポイントが貯《た》まっていく感じです。

「長時間働くほどたくさん稼げるし、長期間続けられるバイトがあったほうが安心だ」

　君はそう思うかもしれません。でも、長時間働くとは、安い単価で、君の限られた時間を大量に売り渡してしまうこと。長期間働くとは、それに慣れてしまうということです。

　以前テレビでみたのですが、日本では相当に有名なダンスパフォーマンスチームの人が、有名になる前には、仲間と一緒に練習をしていたそうです。その人は、練習の時間

を増やしたくて、バイトを削って、その代わりに食費も削って自炊して、ひたすら練習したそうです。でも、仲間は長い時間バイトをして、バイト代が入ったら宴会をやってしまい、練習をあまりしなかったそうです。その結果、食費を切り詰めて練習を最優先にした人は、ものすごく有名になり、そうでなかった人たちは、ダンスを辞めてしまったそうです。

人生は一度しかありません。それを支払うだけや、安い労働に使ってしまって、成長できないのはもったいないです。人生の時間とお金を「知恵と経験と人脈」になるように使うと、自分の価値はどんどん増えていくのです。

投資するなら自分です。ぜひ、自分の能力を信じてほしいと思います。

つまり、お金をたくさん稼いで高収入になるには、自分の人生の時間を大切に使うことです。

Q23 いまの会社はものすごく給料が安いので、やる気が出ません。

だったら、「時給」より人生を考えてみたら？

「いくら頑張っても、給料が安いからやる気が出ない」

これは、多くの働く人が抱える不満です。その気持ちはよくわかります。ただ、「では、いくらならやる気が出るのかな」というのは質問してみたいところです。時間給で働くということは、自分の時間をお金に変換する行為とも言えます。

それは、アルバイトも、正社員も同じです。実はこの、「誰かに決められた時給で生き方を決める」という「時給思考」は、昔はよかったのですが、いまはちょっと危険な考え方です。

時給という考え方は、みんなが同じ労働をするときには有効です。昔の工場などの流れ作業は、指示されたとおりに、指示されたペースでやることが大事で、個々人の能力は「みんなと同じことができる」だけで十分でした。だから、時給という方法との相性がよかったのです。

しかしいまでは、そういう単純な作業はロボットがやってしまいます。人間には、ロボットにはできない「考える」という仕事しか残らないです。そしてこの「考える」という仕事と「時給」は、ものすごく相性が悪いのです。海外ではホワイトカラーといわれる頭脳労働の人たちは、「こういう仕事をするから年俸《ねんぽう》はいくら」という契約か、「これだけの成果を出したら報酬《ほうしゅう》はいくら」というやり方でお金をもらっています。

成果主義とも言われるこのやり方だと、残業しても休んでも関係なし。能力もそれぞれだから、自分の時間をどう使うかを、働く個人に任せています。会社はいちいち管理しません。

そんななか、日本はどういうわけか、いまだに全員が、昔の工場と同じやり方です。同じ1時間を過ごすのなら、なるべく疲れないほうがいいです。働こうが、サボろうが、時間あたりにもらえる金額が変わらないからです。この状態では、「もっと頑張ろう!」というモチベーションをもつのは、かなり難しいと思います。

ましてや、経営者が時給思考になったら、その会社はアウトです。なぜなら、たとえば経営者の勉強会があっても、「そんな勉強会に3時間も出るくらいなら、3時間働いたほうが儲かる！」と思ってしまうからです。これでは新しい学びが得られません。企業が進化しなくなってしまいます。

「学び」は自分の能力を高めるための時間です。そして、人間の能力は、放っておいたら劣化します。

スポーツ選手だってレギュラーになりたかったら、普通の練習以外にも自主練習をするはずです。自分のコンディションを良くするために、自分でトレーナーや栄養士を雇う人もいます。それはお金を稼げる試合ではないので儲かりません。出費です。でも、それをやると自分の価値が高まり、できる仕事のランクが上がります。

おそらく、仕事でも似たことが言えると思います。自分の人生の時間を、学ぶために使ったら儲かりません。でも、お金を稼ぐ仕事につかったら儲かります。だったら、同じ時間を使うなら、学びよりも、お金になる仕事をしたほうがいいじゃん！　と思ったとたんに、自分の能力は成長しなくなります。やがて、学びに投資をした人たちに追い抜かれていきます。

たとえば、「寝て暮らせるだけの給料をあげるよ。だから、寝て暮らしていいよ」と言われたらどうしますか？　喜んで寝て暮らしますか？　でもね、そんなことをしたら、一カ月もしないうちに、全身の筋肉が衰えて、走ることもできなくなるかもしれません。目の前の時給にとらわれて、「給料が安いから」と手を抜いて働くと、本当にその程度の仕事しかできなくなります。それだと、いい仕事のチャンスが来ても、それを掴む能力を失っている可能性があります。「時給がいくらか？」にとらわれず、自分の人生の時間はフルスロットルで行くほうがいいです。それはまわりから「よーやるわ」と言われるかもしれません。でも、間違いなくフルスロットルの能力を得ることができます。

中学生の頃、自転車整備やペーパークラフトに夢中になっていた僕に、同級生が「余計なことをしたら損をする」と言いました。僕はものすごく驚きました。

彼は、「学校や大人が評価してくれることに関係のないことは無駄だ」と言っていたのです。「与えられた課題や宿題以外のことで頭を使うのは無駄だ」と言っていたのです。きっと、大人にそう教えられたのでしょう。残念なことに、「趣味や遊びは、勉強の妨げになる害悪である」と教える大人も多いです。

でもね、趣味や遊びは、「考える力」を育てるためには必須です。そしてなんといっても、趣味や遊びは立派な産業なんです。それを仕事にして暮らしている人はたくさんいるんですよ。大人だってそれを楽しんでいるのに、それがなぜ、「害悪」とよばれるのでしょうか？

僕の会社では、食べていくために働く時間は、全体の30％に抑えるよう頑張っています。そのためには、価値の高い仕事をしなければいけません。そして、価値の高い仕事をするためには、ものすごく調べて、考えて、試してみなければいけません。自分たちの能力を高めていかなければいけません。ところが、1日8時間をフルに使って、食べていくだけの製品しか作れないとしたら、どうやって仕事の価値を高められるでしょうか？

仕事の価値を高められなければ、真似する会社に追いつかれ、やがて追い越され、どんどん儲からなくなって、ますます働くことになって……という悪循環に陥るのです。だからこそ、食べていくための仕事の時間を抑えて、能力を高めるために時間を使うのです。

それができた最初のきっかけは、「不景気」です。不景気になって、仕事がなくなったのです。することがないから、だらだらと工場の掃除をしたりしていました。でも、それでは能力が増えません。だから僕は、不景気によって生み出された時間を使って、新しいものを研究しました。それは、まわりの社長さんたちからはバカにされました。「本業を一生懸命にやれ！」と言われました。でも結局は、このときの研究によって新しい製品が生まれ、それがお金を稼いでくれました。

だから僕はいまも、フルパワーで働いて、あっという間に食べていく仕事を終わらせて、そして、生み出された時間で、フルパワーで能力向上をするのです。「給料が少ないから、やる気でねえ」と、愚痴を言いながら時間を潰すように働いたら、能力はものすごく低下します。「給料は少ないけど、この時間をフルに活かして学ぼう！」と考えたら、能力は増えていきます。

僕は、会社勤めをしていたとき、まわりの人たちがお昼休みになると、みんな寝ているので、僕も寝ようと思いました。最初は寝れなかったけど、慣れたら熟睡できるようになりました。でも、途中で寝るのをやめました。そして、書庫にあった古い資料などを読みあさりました。そこで得られた知識は、僕の能力を高めてくれました。いい仕事がもらえるようになりました。

僕はいまでも、よその会社を訪問して、待合室などで待たされるときは、その部屋に置いてあるパンフレットや、業界新聞を読みあさります。べつに、ぼーっとお茶を飲んで待っていたっていいんです。でも、僕の行動は、僕の能力を高めてくれます。給料に合わせて手を抜くと、本当にその金額どおりの人間になってしまうし、どんどん生活が苦しくなってしまう可能性があります。

時給思考を捨てて、自分の人生を考えてください。儲からなくても「自分の能力を磨くために」学んでください。それは間違いなく、大きな成果につながります。

Q24 ワークライフバランスをとるにはどうしたらいいですか？
だったら、「仕事とプライベート」をごちゃ混ぜにしてみたら？

あるとき、僕の会社に来たインターンシップの学生に、「この本を読んだらいいことがあるよ」と薦《すす》めたら、仕事中に読み始めました。インターンシップの期間は短いから、その時間はいろんな人と関わって学んでほしかったので、僕としては「夜にでも部屋で読んでね」というつもりでしたが、彼は時給思考でした。

「だってこれ、仕事ですよね？　だったら仕事中じゃなきゃ読みたくないです。仕事が終わった後の時間は、僕の時間ですから」

つまり、勤務時間のなかに、学ぶことを含めた「働くことに関するすべて」を入れないといけない、と思っていたようです。最近、休憩時間や休日は自分のものだから、仕事のことはすべて忘れたい。仕事に関する本も読みたくない。と、仕事とプライベートをくっきり線引きする人が増えています。たしかに、休憩時間や、家に帰ってからまで、業務をさせてはいけません。

いまでは「ワークライフバランス」という言葉がすっかり定着し、働いてばかりいないで生活を大事にしようという考え方が広まってきました。僕はそれは素晴らしいことだと思っています。僕は、僕の会社の仲間には、「家族のことでなら、いくらでも休んでいいよ。卒園式も、入学式も、参観日も、どんどん休んで行ったらいいよ」と勧めています。なんたって、思い出はそのときしかつくれないからね。

でも、ワークライフバランスの線引きはなかなか難しいです。だから君も僕に相談してくれたのでしょう。

昔の工場の流れ作業のように、命令に従って、命令どおりに働く。能力向上の必要は無い。自分で考えたり判断したりする必要も無い。という作業なら、ワークとライフはきっちりわけられると思います。

でも、そういう仕事は、もはやロボットの仕事です。これからは、人間の仕事は、「考える」です。考えて判断をするのが人間の仕事です。そのためには、「考える力」を高める必要があります。そのためには、幅広い分野の知識や経験が必要になります。様々な人脈も有効です。

では、「考える力」とは、会社が「思考力を上げよ！　そのためにこの本を読みなさい！」で増えていくものでしょうか？　増えませんね。なぜなら、「考える力」とは、命令の正反対だからです。「与えられたことをやりなさい！」「教えられたことを覚えなさい！」は、「考える力」を奪うことはあっても、伸ばすことはありません。

「教えられたことを覚える」「命令されたことをやる」は、「させられる」です。「学ぶ」「考える」は、「する」です。人間の脳みそは、「勉強しなさい！」「覚えなさい！」では萎縮《いしゅく》し、「知りたい！」だと活性化するそうです。

学生時代には、学校はお金を払って教えてもらう場所でした。自分自身の能力向上をさせてもらうためには、こちらがお金を払うのです。それは当たり前ですよね。「塾」

も「習い事」も、お金がかかるのは当然だと思っているはずです。ところが、なぜか社会に出ると、「仕事に関係するなら、学びだろうと研修だろうと、自分の時間を使うのだから、お金をもらわないといけない」と考えるようになります。さらに、「お金をもらえないのに、自分の時間を使うのは損だ、ブラックだ」とも思うようになります。

昔は会社も余裕があったので、給料を払いながら社員にいろいろ教えてくれました。会社のお金での研修は普通に行われていました。

でも、人口が減り、どんどん会社が潰れていく厳しい時代が来ました。生き残ることに必死な企業は、社員教育をする余裕はなくなるから、「即戦力」を求めるようになりました。人材育成をやめてしまうのです。こういう状態に気がつかず、会社に言われた仕事だけやって、プライベートはただ遊んでいたら、ある日突然、「君の仕事は君じゃなくてもできる。ロボットにやってもらうから、君はいらないよ」と言われてしまうかもしれません。

もう昔とは違うのです。みんなと同じことをしていればお金がもらえた時代は終わってしまいました。これからは、自分で自分の価値を高めないといけないのです。そんな考え方はブラックだ！　と思われるかもしれません。安心してください。だったら、そういう「能力向上が必要な会社や業界」に入らなければいいです。いまだに、昔どおりの、同じことを繰り返す仕事のやりかたをしている会社はけっこうあります。

でも、10年後に、そういう会社が残っている可能性はかなり低いです。これは大袈裟《おおげさ》な話やSFではなく、もうすでに、もしくは、まもなくやってくる未来です。僕は、ものを作ったり、工夫したりするのが好きです。だからいまの仕事は幸せです。自分のプライベートの時間に学んだことが、仕事ですごく活きています。でもそれは、いまに始まったことではありません。小さい頃から、僕が好きで勝手に調べていたことは、すべて「勉強に関係ないからやめろ！　無駄だ！」と言われつづけたのです。でも好きだからやめられませんでした。そして、結果的には、それが僕を支えています。だから、僕のワークとライフは、かなりごちゃ混ぜです。

僕は、俗に言う「オタク」の人はすごいと思っています。なぜなら彼らは、「好き」だから、寝ても覚めても学んでしまうからです。彼らもまた、ワークとライフがごちゃ混ぜです。だから僕は、会社の仲間の趣味を教えてもらうようにしています。その趣味の知識を活かせるような仕事を作れば、その人はものすごく輝くからです。

そして僕は、「趣味」は人と人とをつなぐ大切なものだと思っているから、会社として、仲間の趣味を応援します。だからいまでは、植松電機にはバンドが4つほどあります。バンド練習用の部屋もあります。年に2回、みんなでフェスを開きます。目配せやうなずきだけですてきな曲を演奏してくれるみんなは、仕事でも仲良く要領よくやってくれるようになりました。植松電機の仲間は、かなりワークとライフをごっちゃにしているようです。

2つの違うものをバランスさせる「ワークライフバランス」のようなやり方もあるかもしれないけれど、人生って、そんなにきっちり整理整頓できません。

ワークとライフはどっちも大事なものです。ワークもライフもごちゃ混ぜにして、楽しく学んで能力向上して、自分らしくて幸せになる、というのが一番なんじゃないかと、僕は思います。

Q25 仕事で頑張っているけど、儲かりません。転職も考えています。だったら、「なんのために働いているのかな？」を考えてみたら？

日本では、「仕事とは、つらいことを我慢してやるもの」と教えてしまう人がいます。似たようなケースでは、体育会系の部活によくあるのですが、「競技場内で歯を見せるな！　笑うな！　不真面目だ！」という指導もあります。うーむ。真面目というのは、しかめっ面《つら》して、口をへの字にしている状態なのか？　そのせいだと思いますが、「頑張る」「努力」も、「けわしい顔」「必死の形相《ぎょうそう》」「汗と涙」という認識とともに、「苦しいことやつらいことに立ち向かう」というイメージの人も多いような気がします。

僕の会社では毎年、近隣の中学校の職場体験を引き受けています。来てくれた子たちには、植松電機の仕事を体験してもらい、最後には、ロケット制作と打ち上げもしてもらいます。来てくれた子たちは嬉しそうに帰って行きます。

しかし、その後に先生から電話がかかってきました。「生徒を甘やかさないでください。遊ばせていないで、社会の厳しさを教えてください！」と怒られてしまいました。

さすがに僕も頭にきました。僕らは楽しく仕事をしています。それを「甘い」と言うのですか？　「遊び」と言うのですか？　社会の厳しさってなんですか？　怒鳴ればいいんですか？　怒ればいいんですか？　と言い返してしまいました（いまでもその学校の職場体験は引き受けています）。楽しいことは、頑張れます。覚えちゃいます。でもそのとき、「努力するぞ！」「頑張るぞ！」とは思っていないはずです。僕は、「努力」や「頑張る」というのは、「結果」じゃないかなと思っています。本当の「努力」や「頑張る」は、楽しいからしちゃうことのような気がします。

君は、仕事を必死に頑張っているのだと思います。でも、考えてみてください。その仕事を好きですか？　その仕事は楽しいですか？　手応えを感じていますか？　もしかして「つらいことを我慢する＝頑張る」だと思っていませんか？　もしそうなら、別の仕事を考えるのはいいことだと思います。自分が「楽しい」と思える仕事を探すのは、人生でとても大事なことですよ。

同時に、仕事のなかに楽しさを見つけることも重要です。僕は、わりとすぐに、仕事のなかに楽しさを見つけることができます。だから、いろんな仕事を楽しんでいるので、植松電機はかなり幅広くいろんな分野の仕事ができているのだと思います。

たとえば、植松電機では修学旅行を引き受けています。毎日のように200人以上の子たちが来てくれます。その子たちには1人1機のロケットを作ってもらいます。全長30センチほどの小さいロケットですが、時速200キロメートルを超えて飛びます。宇宙空間でも使える本物です。そしてそれを、最後に全員で打ち上げます。そのときの天気が問題です。雨だったら、せっかくのロケットが濡《ぬ》れてしまうし、子どもたちも濡れてしまいます。でも、いまはありがたいことに、雨雲レーダーがあるので、雨の直撃はほとんど避けられます。

しかし、地面にできた水たまりは、人間が除去しないといけません。雨の季節は、お昼休みはありません。全力で100メートル四方の範囲の水たまりを除去するのです。ものすごくつらい作業です。おなかも減ります。でも、それによって、子どもたちの靴が濡れなくて済みます。だから、僕はその作業をつらいと思ったことはないです。「やったら子どもたちが濡れなくて済む」の一心だけでやっています。「頑張ってる」と思ったことがないです。「ロケット打ち上げに間に合え！」と祈りながら、必死で作業しています。子どもたちが濡れないで済んだら、本当に心から「よかったあ」と思えます。「なんのために働いているのかな？」を考えるのはとても大事なことです。それが、自分のため、だったとしたら、自分が嫌になった瞬間に、やめたくなります。それが、「お金のため（支払いのため）」だとしたら、給料の高い会社にばかり目が行ってしまい、自分にとって「楽しい」仕事には気がつかないでしまうかもしれませんね。しかも、常に「自分の給料は安い。もっと高い給料の仕事がしたい」と思うようになってしまうかもしれません。

もしも、なんのために働いているのかな？　の理由が、「誰かのため」だったら、きつくてもつらくても、知らない間に頑張れちゃうかもね。そして、うまくいったら、心から「よかったなあ」って思えると思うよ。そして、やがてその「誰かのため」の積み重ねが、君を助けてくれると思うよ。

僕は、2003年の12月に、あることから、「この世から児童虐待をなくしたい！」と思うようになりました。そう思ったときに、新しい安全なロケットエンジンを研究していた北海道大学の永田《ながた》晴紀《はるのり》先生に出会いました。永田先生は、研究予算がなくて困っていました。僕は、お金が無いからお金をあげることはできないけれど、自分の技術で部品を作れば、永田先生を助けられるんじゃないかな、と思いました。そうやって、僕と永田先生のロケット開発がスタートしました。

そうすると永田先生は、他のいろんな研究者に植松電機のことを話してくれて、植松電機はいろんな研究者のお手伝いができるようになりました。そのときも、研究している人たちを助けたい一心でした。そうしたら、リーマンショックが起きました。ものすごい不景気です。植松電機も倒産寸前になりました。

そのとき、それまでに関わっていた先生たちが、「この実験装置、捨てるんだけど、もったいないからあげるよ」と、古いんだけど、普通に買ったらものすごく高額な実験装置などをたくさんくれました。その装置のおかげで、もっとできることが増えて、そうしたら、もっと仲間が増えて、その人たちが応援してくれて、僕はいま確実に、「児童虐待をなくしたい」という夢にも近づいています。

ＧＩＶＥ＆ＴＡＫＥは、ＧＩＶＥから始まっています。誰かを助けていたら、誰かが助けてくれます。だから、「なんのために働いているのかな？」は、しっかり考えたほうがいいです。「自分のため？」「お金のため？」、それとも、「誰かのため？」。

Q26 働くばかりじゃなく、株や投資信託をしたほうがいいですか？ だったら、最高の投資先を教えましょう。

株や投資信託《とうししんたく》、ビットコインのような暗号資産（仮想通貨）は大流行です。もはや普通預金だと利子がつかないからです。老後にお金がたくさん必要だ、とか、介護難民にならないために、など、将来のお金の不安をあおる広告もたくさんあります。「将来のことをちゃんと考えるなら、お金の効果的な運用を考えるべきだ！」とけしかけるような話があふれています。

たしかに、それらの資金運用でお金が儲かることもあるけれど、僕はそれはギャンブルとたいして変わりがないと思っています。

株の価値やビットコインの口座にある金額が増えても、それはあくまで数字です。「株価が上がった！」と喜んでみんなが現金化した瞬間、株価は下がります。なぜなら、現金化するためには、株を売らないといけないからです。みんなが株を売ると、株価は下がります。みんなが株を欲しがると株価は上がります。価値がコロコロ変わってしまうのです。

株価が下がっているときに大量の株を買って、株価が上がったときに売れば儲かります。ただ、あまりに大量に株を買うと、その段階で株価は上がりますし、大量に売れば、株価は下がります。でもね、株価が下がっているときに株を買うとしても、もっと株価は下がるかもしれません。また、売るときも同じですね。もうちょっと待っていたら、もっと株価が上がるかもしれません。株を売り買いするタイミングはとても難しいです。そのタイミングが気になるあまり、いつもスマホやパソコンで株価をチェックし続けることになります。僕の知人でも、朝から晩までパソコンにつきっきりの人がいました。彼は大切な人生の時間を、画面を見ることに費やしていました。

僕にも、しょっちゅう銀行が「投資をしませんか」と声をかけてきます。でも、株式会社を経営している僕がよその会社の株にお金を投じるなんておかしな話です。だってそれは、自分の会社よりも、よその会社のほうが成長するって信じたということだからです。

僕は自分の会社が成長すると信じているので、自分の会社に投資します。株だのビットコインだのについて考える時間があるなら、全部、僕らがやっている仕事に注《つ》ぎ込《こ》みたいと思っています。

僕は、人生の時間とお金を、知恵と経験と人脈になるように使うと人生が豊かになると思っています。お金と人生の時間は同じような価値を持つものだと思っています。

お金はうまく活用すれば自分の能力をアップさせることができますが、金融投資だと、自分のお金は他人の能力をアップして、自分が得られるのはお金です。そして、投資している間は、そのお金は使えません。いったいいつ、儲かったお金を自分の能力向上に投資するのでしょう。

昔、『甲虫王者《こうちゅうおうじゃ》ムシキング』という人気アニメがありました。とても人気があったので、アニメに登場するクワガタムシやカブトムシのカードを使ってバトルするゲームも作られました。なかでも、ヘラクレスオオカブトのカードはレアだからと、大勢が欲しがりました。その結果、カードが売買されるようになり、値段がつり上がり、本来100円のカードが、1枚1万円の価値になりました。100倍ですね。そのとき、もっと価値が上がると思って、カードをたくさん買っている人もいました。でも、アニメの放送が終わってしばらくしたら、誰もそのゲームをやらなくなりました。1万円のカードも、いまでは一山100円で売られています。あのとき、大量に高価なカードを買った人たちは、貴重なお金を失ったことになります。

最近は、転売ヤーと言われる人が、限定品のブランドの服やスニーカーを買うのも、同じ原理です。欲しい人に対して商品が少ないと、商品の価値は自動的に上がっていきます。オークションと同じですね。

ただ、本当にその商品が欲しいのか？　それとも、商品の価値が上がるのが目的なのか？　で、状態は変わっていきます。

危険なのは、商品の価値が上がることが目的の場合です。関わる人のほとんどが転売ヤーという状態です。その場合は、「この商品は、これからすごく価値が上がるよ！」という情報を流せば、多くの人がその情報を信じてその商品を欲しがります。そうすると、その商品の価値が上がります。このとき、商品がなくても、そして、欲しがる人がいなくても、いくらでも嘘《うそ》の情報で、価値を上げることができてしまいます。先日、大学生からメールが来ました。「普通なら1本250万円のワインが、いまなら150万円で手に入ります。いかがですか？」と書かれていました。僕は「僕はビール派だからいりません」と答えました。

すると、「いえいえ、150万円で買って、250万円で売ればいいんですよ。1本で

100万円儲かるんですよ」という返事が来ました。

僕は、「そりゃそうかもしれないけど、僕のまわりには、ワインに250万円出す人がいないし、僕自身、そのワインに250万円の価値があるかわからないから、まったく興味を感じません」と返信をしたら、連絡が来なくなりました。

いま、大学生はコロナの影響で、ものすごく生活が苦しいそうです。苦しいからこそ、簡単な詐欺商法にも引っかかってしまうケースが増えています。この大学生がどうなったのか、すごく心配です。僕は、何かを買うときには、その商品の値段ではなく、その商品の「自分にとっての価値」を考えるようにしています。


たとえば、外国ブランドのレアもののパーカーが30万円の価値があると言われても、いつも作業服を着ている僕にとっては100円の価値すらありません。素晴らしいスニーカーも、いつも安全靴を履いている僕にとっては価値がありません。

僕らの会社が作っている、工事現場などで危ない釘《くぎ》やネジをより分けるマグネットのショベルは、必要な人にとっては便利で価値があるものです。でも、存在すら知らないたくさんの人たちから見たら価値はありません。

価値って、人によって相当に異なるものだと、僕は思っています。

君には、自分の人生の時間とお金の使い道は、しっかり考えてほしいです。

そして、自分に関わるものの価値は、自分で決めたほうがいいです。「誰かがこう言っていた」「みんながこう言ってる」という他者評価を鵜《う》呑《の》みにしないで、自分で考えることが重要です。

金融投資とは、自分では制御できない価値基準に自分の人生の時間とお金をゆだねることです。かなり金融の勉強をしなければ、勝てる世界ではありません。

残念ながら、「教えられたことを覚える」方式の教育を受けてきた人は、誰かの意見を鵜呑みにしてしまいがちです。でもそれでは、詐欺まがいの投資話に引っかかる可能性が高いです。重要なのは、自分で学ぶ能力です。それを高める努力をしていれば、投資すべきは自分です。自分の成長の可能性を信じてほしいです。

Q27 いずれ起業したいけれど、就職しないのも不安です。だったら、働きながら学んでみたら？

人生は、雇われるだけではありません。自分で起業するという道もあります。残念ながら、学校や大人は、「就職」という進路ばかりを教えてしまいますが、自分の会社を持つ経営者や、会社を作らず自分一人で仕事をする個人事業主という「雇われない働き方」もあります。就職以外にも選択肢《せんたくし》はあるんです。

いまは、会社の数がどんどん減っています。会社の数が減るということは、就職先が減るということです。これはあまりいい状態ではありません。ですから、僕は「起業したい」という人がいることがとても嬉しいです。

でも実は、就職にしても、起業にしても、することはそんなに変わりありません。どちらも、することは「仕事」です。そして、僕は、仕事とは社会のために役に立つこと、だと思っています。だから、起業するにしても、就職するにしても、本当の目的は「仕事を通して、どんなふうに社会の役に立っていくのかな？」だと思っています。

残念ながら、日本では「仕事とは、命令されたことを、命令どおりに、余計なことを考えないで、つらいことも我慢して実行することだ」と教えてしまう人がいます。そこには、「社会の役に立つこと」という要素が抜け落ちています。日本では「仕事＝命令に従うこと」と教えてしまっているように思います。そして、「命令に従わなくていい＝起業」と考えてしまう人もいます。

だから、考えてほしいんです。君はなぜ起業したいの？　くれぐれも、手段と目的を間違えないでね。起業って、あくまでも、仕事をするための、社会の役に立つための手段の1つです。

その手段を目的化したら、起業した瞬間に夢が叶ってしまって、後が続かなくなります。

そのせいもあってか、多くの新規企業は、わずか数年で消えてしまいます。せっかく興《おこ》した会社を潰さないためにも、まずは、起業の向こう側にある目的をしっかり考えてほしいです。そして、考えたならば、やってみればいいです。仕事って、就職していなくても、会社じゃなくても、やっていいんですよ。

ちなみに植松電機は、1999年までは、僕と父さん二人だけの個人事業でした。株式会社でも有限会社でもありません。いまふうの言葉で言えば「フリーランス」です。

個人事業は、税務署に開業届を出すだけでスタートできます。いま、多くの若者が「起業したい」と考えています。そして、起業するとは、株式会社を作ることだと思っている人が多いです。でもね、株式会社じゃないほうがいいこともあるんです。株式会社にすると、税金面で優遇措置があります。それはとてもいいことです。ところが、その事業の年間の売り上げが８００万円以下の場合は、個人事業のほうが税金が安いんです。しかも、法人登記には最低でも登記税などを含めて25万円くらいかかってしまいます。ですから、年間の売り上げが８００万円以下の場合は、株式会社を起業するよりも、個人事業でやったほうが儲かるということです。

ということは、税務署に開業届を出すだけで、「すぐにできる」ということですね。ちなみに、開業届を出すだけだと、基本的に0円です。さあ、開業届を出したら、あなたは立派な事業主ですよ！　でもね、開業届を出したから、いきなり会社経営ができて、お客さんもついて、仕事ができるか？　と言ったら、世の中そんなに甘くないですね。

事業を経営するうえで、最も重要なのは、資金より経営能力です。いくらお金があったって、経営能力が無ければ、会社は簡単に潰れてしまいます。僕が会社を作ったときには、僕は会社経営をしたことがありませんでした。人を雇用したこともありませんでした。営業もしたことがありませんでした。わからないことだらけです。だから、イメージとしては、地雷原に放り出されて、見事にそこら中の地雷を踏んで歩いたような感じです。たくさんの失敗をやらかしてきました。

でもだから、いまなら、新しく事業を始める人には、地雷の見つけ方とよけ方をアドバイスできます。そういう人は、僕以外にもたくさんいます。ですから、そういう人と仲良くなって、アドバイスをもらうのが、事業経営にはとても有効です。

なんたって、「やりたいことは、やったことがある人と仲良くなればできる」なんです。ただ、このときも注意が必要です。それは、「成功している人」の話を聞くことです。

その「成功」の基準は、会社の事業年数です。いま日本では、たくさんの会社が起業されるのですが、3年までに半分が消えてしまいます。ですから、起業してから3年以内の人にアドバイスを求めても、50％の確率で失敗する可能性があるということですね。

でも、10年続いている会社というのは、ごくわずかです。そういう会社の経営者にアドバイスをもらうのはすごくいいことです。じゃあ、会社が古ければ古いほどいいのか？　と言ったら、そうでもないです。古い会社の経営者のなかには、昔の常識から抜け出せていない人も多いからです。では、どうやったら経営者と仲良くなれるのか？

一番簡単な方法は、自分が将来やりたい事業の分野で、起業してから10年くらいたっている会社に就職することです。そうすれば、毎日の仕事すべてが勉強になります。給料をもらいながら学べるんですよ。最高ですね。しかも、経営者の話も聞けるし、経営方針や、経営の仕方も学べるのです。

けれど、仕事をしながらでは、自分の事業を興せない、と思う人も多いらしく、僕の所にも、「起業するという夢のために、仕事を辞めようと思うんです」という相談がけっこう来ます。僕はそういう人に、「辞めないで」とお願いします。だってね、仕事をしてるときだって、自分の時間はけっこうあるんですよ。朝も夜も、土曜や日曜も自分の時間じゃないですか。そのときに実験的に自分の事業をやってみることができます。

また、会社にいる同僚や取引先も、いつか君の会社のお客さんになるかもしれません。その未来のお客さんたちに、「こういうサービスがあったら利用する？」と話してみたら市場調査ができます。働きながら人脈も作れます。もしかしたら、いま自分が勤めている会社と取引をするようになるかもしれないんですよ。仕事をしながら、その仕事を活かして、自分の新事業の実験と準備はできるんです。しかも、その間、給料がもらえるんですよ。

会社を辞めてしまうと、給料が得られなくなります。同時に、様々な学びも人脈も失うことになります。その状態で、まったく新しい事業をスタートするって、かなり厳しいですよ。

これから起業したいというのであれば、まずは、自分が何をやりたいのかをしっかり考えることです。どうやって人の役に立つかを考えることです。そのうえで、それをやっている会社を探して就職したらいいです。そこで働きながら、自分のやりたい事業の実験をしていくのです。理解ある経営者なら、君を後押ししてくれる可能性だってあります。働きながら学ぶことができます。頑張って！

第4章

人の目が気になって「はじめの一歩」を踏み出せない君へ。

誰かに心配してもらえたとき。
誰かに助けてもらったとき。
それは、「相手に迷惑《めいわく》をかけた」のではありません。
それは、「君は愛された」ということです。
そのときに口にする言葉は、
「迷惑かけて申し訳ありません」ではありません。
「助けてくれて、ありがとう」です。
そして、感謝を恐縮で返してはいけません。
感謝は行動で返すのです。

助けてくれた本人に返すのではなく、
自分と同じような目にあっている人に返すのです。

そうやって、助け合いは連鎖していくんですよ。

Q28 パイロットになりたい。どうしたらいいですか？

だったら、その夢をどんどん人に話してみたら？

これは僕が相談を受けたんじゃなくて、本当に飛べるようになった男の子から、僕のほうが教わった話です。

彼は中学生のときに飛行機の仕事がしたいと思ったそうです。「空を飛びたい！　旅客機のパイロットではなくて、アクロバット飛行のパイロットになりたい」。

当然、「どうせ無理」という意見もあったし、肯定的な意見のなかにも「中学生でしょ？　まだ早すぎる。大学に行ってから考えたら？」というのもありました。それでも彼はいろんな人に「パイロットになりたい。どうしたらいいですか？」と自分の夢を話したそうです。親や先生だけじゃなく、彼の周辺にいるいろんな大人に、会うたびに自分の夢を話していきました。

そうすると、「どうせ無理」という人だけじゃなく「だったら、この人に話してみたら？」と縁《えん》をつないでくれる人が出てきました。それはつながるほどに具体的になっていったそうです。縁のわらしべ長者状態ですね。

そして彼は、室屋義秀《むろやよしひで》さんと縁がつながるんです。室屋さんは2017年にアジア人として初めてエアレースのワールドチャンピオンシップを制したすごい人で、いまは福島を拠点に航空スポーツを盛り上げようと頑張っています。

「室屋さんに弟子入りしたい」

彼は心を決めましたが、まだ高校生。しかも実家は関西です。

そこで、彼が選んだのはN高校でした。リモートで独自カリキュラムの授業が受けられるから、時間も短く、場所に縛られることもありません。だから高校生でありながら、室屋さんが福島でやっている「ユースパイロットプログラム」に参加できたんです。

このプログラムは15歳以上の人を対象に、国家資格である「自家用操縦士」の免許取得を目指すというもの——つまり、空を飛べるようになるんです。

こうして彼はわずか半年で、ソロフライトができるようになりました。いまも彼は夢に向かって頑張っています。

彼は、夢を口に出して話したんです。そうしたら室屋さんにつながりました。そして、室屋さんもまた、「次世代の若いパイロットを育てたい」という夢がありました。タイミングもぴったりでした。

前著『「どうせ無理」と思っている君へ』でも書きましたが、夢は人に話して、話し続けて、やったことがある人と早く接触すれば、叶う確率が相当にあがります。

君がやりたいことを話しても、「どうせ無理」と否定する人は、君の夢の分野にまったく経験がなくて、自分がわからないから、とりあえず否定している可能性が高いです。

パイロットみたいに経験者が少ない仕事もそうだし、YouTube みたいな新しいメディアの仕事、イラストやアニメの仕事、ｅスポー

ツの仕事などは、親や先生の時代にはなかったものです。だから、親や先生にとっては「よくわからない、苦手」なのです。でも、大人なのに、「知りません、わかりません」と言うのはカッコ悪いと思って「そんなおかしな仕事はやめて、現実を考えろ」なんてお説教にすり替えていることも多いです。そういう大人が紹介してくれる仕事の多くが、「10年後に無くなる仕事」だったりするんですけどね。

あるいは、かつて自分もやりたいことがあったのに、失敗したりあきらめたりしたから、君にまで「無理」と言うケースもあります。「俺ができなかったんだから、お前にできるはずがない」という考え方です。どんだけ上から目線なんでしょう。そこには悲しいけれど、「おまえだけ夢を叶えるなんて許さないぞ」という憎しみが隠れていることもあります。要するに、「知らない」「わからない」と「夢をあきらめた」人は、君の夢を否定する可能性がとても高いということです。

でも、自分がいま夢を追いかけている人、夢を叶えたことのある人なら、夢を追いかける君を放っておきません。話を聞いてくれます。そういう人は、自分がわからない分野の夢についても、「私にはわからないけど、応援するよ」とはげましてくれます。

そして、君が目指すことをやったことがある人なら、どうやればいいか教えてくれます。前向きな大人は、勉強熱心です。知りたがりです。そういう大人は、若い人の考え方や意見を知りたがります。だから話を聞いてもらいやすいです。

大人になればなるほど、様々な責任が重くなります。自分を養い、家族の生活のために働いたり、子どもを育てたり、病気の家族を介護することもある。自由に走り出せないわけじゃないけれど、走り出しにくくなるのは確かです。

けれど、若ければ、背負うものが少ないですね。そして、もし君が中学生や高校生なら、働かなくても食べていけるし、ベッドも確保されています。一番身軽なときなんです。その素晴らしい可能性の時間を、部活と受験勉強だけに使ってしまうのは、もったいないと思いませんか？

夢はどんどん人に話して、仲間を見つけて、アクションを起こしてみたら？

若いって、すごいアドバンテージなんですよ。

Q29 わかってくれる人に会いたいけれど、チャンスがありません。だったら、メールを出してみたら？

夢は、人に話したら叶います。でも、夢を話すのは嫌ですね。バカにされるかもしれない。否定されるかもしれない。だから、夢を話すためには勇気が必要です。そして、いくら勇気があっても、「わかってくれる人に会うチャンスがない」と悩む人も多いです。僕の生まれた町にも、飛行機やロケットを作った人はいませんでした。中学生の僕には、1人で遠くまで行く勇気もお金もありませんでした。

みんないろいろ事情があります。僕は「親の介護をしていて学校にもなかなかいけません」という子から手紙をもらったこともあります。虐待やネグレクトでひどい目にあい、安心して守ってくれる存在がいない子は、夢見ることができないかもしれないし、人に会うために出かける時間もお金もないかもしれない。そして、そもそも人に会うのが怖《こわ》いかもしれない。

だけどね、そういう事情を知ったうえで、僕はやっぱり「夢があるなら、人に話してみて」と言いたいんです。なぜなら、会うための方法は、直接会う以外にもあるからです。会えなくてもメールがあります。スマホがないなら手紙を書けます。いまは普通の封筒なら84円だったかな？　なんとかなるお金じゃないかな。

「文章が下手だ」

「メールでも手紙でも書き方がわからない」という人もいますが、作法なんてどうでもいい。気持ちを伝えることのほうがずっと大切です。

僕は毎年、何千通も手紙やメールをもらいます。

あるとき、ロケット体験教室に来た学校の子どもたちが、感想の手紙をくれました。読んでみたら全員がまったく同じく、「拝啓《はいけい》新緑が美しい季節となりました」というような、形式ばった季節の挨拶《あいさつ》を書いていてびっくりしたことがあります。たぶん先生が指導したのでしょう。いくら正しくても、「マナーどおりにやろう」という意図しか伝わらない手紙からは、一人ひとりの思いは伝わってきませんでした。

メールならなおさらで、挨拶やマナーはいらないです。そういうのにこだわる人は、君の夢に適切なアドバイスをくれない可能性が高いです。頭が柔軟な人なら用件だけでも十分気持ちは伝わります。それでも、忘れちゃいけない大事なことがあります。

○自分が誰か（名前、年齢、どんな人か）
○何をしたいか
○連絡先

です。

「将来はロケットを飛ばしたいから、ぜひ植松電機の見学をしたい」という熱い手紙をもらったのに、名前も連絡先もなく返事ができない……そういうことは、結構、あります。とても残念です。また、僕の暮らす町は田舎なので、郵便ポストまでは、車に乗らないといけません。ですから、僕の場合は、返信先としてメールアドレスなどが書いてあると、ものすごく助かります。そして、自分の気持ちを伝えるためには、気持ちを表す言葉が必要です。

小説、アニメ、漫画、映画、なんでもいいですから、様々な作品を通してたくさんの言葉にふれると、自分の言葉も増えていきます。

これからは、ＡＩが形式どおりの手紙をいくらでも書いてくれる時代です。そんな時代に、形式どおりの手紙を書く練習をしてもしょうがないと思います。

でも、どんなにＡＩが発達しても、人間の心のなかにあることを言葉にして相手に伝えることはできません。なぜなら、人の心は、人それぞれだからです。ＡＩにうまい文章は書けても、君の気持ちを伝える文章は、君が一番上手なことは未来になっても変わらないと思います。

話すことが苦手な人なら、メールしてみたらどうでしょう。もちろん相手は忙しいかもしれないから、返事が来ないこともあるけれど、「そういうもんだ」とスルーして、次の人にメールする。

そのうち誰かから返信はちゃんと来ますよ。

よかったら、僕にもメールをください。かならず返信します。でも、くれぐれも自分の名前を書き忘れないでね。

Q30 わからないのについ、知ったかぶりをしてしまいます。だったら、「質問係」になってみたら？

世の中では、「いろんなことをたくさん知っている人が偉い」という考え方があります。それは、「暗記の量と正確さ」で優劣がつけられるテストのせいです。

そしてそれは「知らない＝劣っている、恥ずかしい」という考え方を生み出しています。

僕は小学生のときに、恐竜が大好きでした。おじいちゃんが買ってくれた恐竜の図鑑を暗記するほど読んでいました。なかでも僕が好きだったのは、とても大きくて草食のブロントサウルスでした。優しそうだったから好きだったんです。でもあるとき、同級生に言われました。「ブロントサウルスって嘘の恐竜なんだよ」。

ものすごくショックでした。だって、図鑑にしっかり書いてあるんです。なのにまるで、僕が嘘つきのように言われてしまったんです。だから、必死に反論しました。でも、彼が見せてくれた本には、「ブロントサウルスはアパトサウルスでした」と書かれていました。ブロントサウルスという名前は無効なのだそうです。僕はものすごく悲しかったです。「負けた」と思いました。僕は知らなかったのです。そして僕は、「知らない＝恥ずかしい」と思ってしまいました（いま、念のため調べたら、ブロントサウルスはアパトサウルスとは別な種だということが明らかになって、いまではブロントサウルスという名前は使うことができるようになったそうです）。

きっと、僕と同じように、「知らない＝恥ずかしい」と思っている人は多いでしょう。そうすると、知らないことやわからないことがあっても、誰にも聞けなくなってしまいます。やがて、困ったことがあっても、誰にも相談できなくなってしまいます。君の「知らない」「わからない」は、いつまでも解消されません。

これは、子どもに限ったことではありません。年齢が上がるほど、学歴が上がるほど、悪化していく傾向があります。僕の会社には、大学生が実験にやってきますが、大学生でも「わからない」と恥ずかしくて言えない人が多いです。わからないからうまくいかないのに、「どうしたらいいですか」と、途中で相談することもできません。

それは、社会に出てからも続きます。会社でも同じことが起こっています。たとえば上司の説明が終わって、「いまの話、わかった？」と聞かれたとき、わかっていないのについ、「わかりました」って言ってしまう若い社員が増えているそうです。

いまは優しくて遠慮《えんりょ》がちな人が多いから、「上司にもう一回、説明をさせるのは悪いな。迷惑かけちゃいけないな」と考えて、ためらっているケースもあります。また「こんなこともわからない馬鹿だと思われたくない」と過剰防衛《かじょうぼうえい》しているケースもあります。

指示されたこと、教わったことがわからないままやるから、失敗します。

「なんで言われたとおりできないの？」と注意されても、「いや、実はわかっていませんでした」と言えない。もう、ひたすら謝るしかなくなります。でも、いくら謝っても、「わからない」ことは解消されません。

失敗の原因が、「よくわかっていなかったこと」なら、わかるまで説明を聞けば改善します。「単純に知らなかった」という知識不足が原因なら、知識をインプットすればいいだけです。それなのにわかったフリをしていたら、情報量は増えないので、同じ失敗が繰り返されてしまいます。

そもそも「Aさんが説明してBさんが理解する」って、2人の間で起きていることです。わからないのは、Bさんのせいだとは限らない。Bさんが理解できないのはBさんの頭が悪いからではなく、Aさんの説明が不十分である可能性もあります。

本当なら、説明をした後、お互いに情報をつき合わせて、上手く伝わっていない部分があるなら、どうやったら伝わるかを考えたほうがいいです。

僕は小さい頃から逆上がりができませんでした。みんなできているのに、僕だけできません。だから、練習させられます。先生からは、「腕！」「引っ張れ！」「腰！」「足！」「蹴れ！」などのアドバイスが飛びます。まったく意味がわかりません。だから僕は、逆上がりができませんでした。そして数年後、大学の体育の授業で逆上がりをすることになりました。憂鬱《ゆううつ》でした。やりたくないです。案の定できませんでした。そのとき、大学の体育の先生が、「物体は重心まわりに回転するから、自分の重心を鉄棒に近づけたらいい」と言われました。

「わかった！」と思いました。紙飛行機では重心がものすごく大事です。だから僕は、重心まわりの物体の運動をすごく研究していました。だから、一発で理解できました。僕は逆上がりができるようになりました。

また僕たちは、いま学校の教育に関わっています。そのための実験として模擬授業というものを会社のなかでやっています。お互いに授業をし合うのです。そのときにわかったことがあります。人間は物事を理解するときに、図形や絵で理解する人と、文字で理解する人と、音や動きで理解する人がいるようなのです。そして、違うパターンの人同士が情報を伝え合うのはものすごく難しいと言うことがわかりました。

教える側は「なんでこんなことがわからないのかな！」とイライラします。教えられる側は「何言っててんのかまるでわからん！」とイライラします。このすれ違いは、そこらじゅうで発生しているのだと思います。

「知らない」は、恥ずかしいことではありません。なぜなら、僕らは何も知らない状態で生まれてくるからです。小さい子は「なんでみかんは丸いの？　なんで甘いの？」と“なぜなぜ攻撃”をしてきます。子どもの質問は、親にとっては嬉しいものです。成長の証《あかし》です。たしかに、忙しいときには「めんどくさいなあ」と感じることもあるでしょうが、「この子は何も知らない馬鹿な子だ」とは思いません。

それが、「テスト」に出合ったあたりから一変します。「知らない＝恥ずかしい」になってしまうのです。そして、知らないことがバレないように、知ったかぶりが始まります。それは、「学び」から遠ざかる行為です。ロボットに負ける「鵜呑み」の始まりです。

世界は知らないことに満ちあふれていて、それをすべて暗記するのは不可能です。しかもその情報は、今日も増え続けているのです。

そして、知らないことやわからないことを、知りたい、わかりたい、という気持ちが、人類を進化させてきました。

たとえば、病気で人が亡くなったとします。昔はなんで死んだのかわかりません。でもね、誰かが病気の「わからない」をわかろうとしたんです。だから、医療が進化したんですよ。

偉大なイノベーションはすべて疑問から生まれています。本当は、何歳になっても、「なぜ?」「わからないから教えて」と素直に言っていいんです。言える人がすてきだし、たくさんのことを身につけられます。

もう、「知らない=恥ずかしい」なんてのは忘れてしまいましょう。

みんな堂々と「なぜなぜ攻め」をして良い権利があるんです。

そして若手社員は、「なぜなぜ攻め」が仕事の一部です。その仕事に慣れきったベテランが気がつかないことを、新鮮な目で見つけ出すきっかけが「なぜ」だからです。

「覚えるのが苦手なら、メモをとれ」とよく言われますが、メモがめんどうくさいならスマホの動画を撮ってもいい。便利な道具は使わなきゃ損です。また、教えてもらったことを勝手にマニュアルにしてみたらどうでしょう。僕の会社の女の子は、新しい機械が導入されたときなどに、教えられたことを勝手に綺麗《きれい》なマニュアルにしてくれます。そのマニュアルを作るために、何度も質問に来ます。マニュアルのためならば、と、みんな何度も教えます。それによって、彼女の理解も深まるし、教える側のうろ覚えも解消されるし、新しい人もすぐに仕事できるようになるし、いいことずくめです。世界は知らないことに満ちあふれています。

　そして、知らないことを知ることは、素晴らしい喜びです。

　でも、「知らない＝恥ずかしい」という人は少なくないです。

だからこそ、まずは君が「勇気のある質問係」になってみてはいかがでしょう。君が質問の手をあげたら、他の人も勇気を出して質問できるかもしれません。僕は、君の勇気ある質問を応援します！

Q31 困っている友だちを助けたいのに、頼ってくれません。だったら、まずは頼ってみましょう？

「友だちがいじめられているかもしれない」という子から、メールをもらいました。

その友だちとは学校が違うけれど、塾が同じで仲良くしている。お互いの学校の話をしたり、友だちの話をしていると、なんだか不自然。塾には友だちと同じ学校の子もいるけれど、彼女はその子たちとは口もきかないし、陰口《かげぐち》を言われているようだ。

「もしかしたら、いじめられているんじゃないかな、相談してくれたら助けたい」と思っているけれど、正面から「いじめられてるの？」なんて、友だちを傷つけそうで言い出せない……。

読んでいて、よく気がついたね、優しいね、と思いました。じゃあ、どうしたらいいかを考えてみよう。いじめを解決するのは、どうしたらいいかな？　いじめている子を見つけ出して、いじめるな！　って言えばいいかな？　でもね、それで解決するかな？　そもそも、いじめている子の、どの行動がいじめになるのかな？　陰口はよくないことだけど、相手に直接言ったわけじゃないよね。自分の思ったことをしゃべってはいけない、というのも、なんだか怖い気がするね。って考え出したら、どうしていいかわからなくなっちゃう。

それは、「いじめ」にとらわれているからです。「いじめ」って簡単に言うけど、実際にはものすごく複雑で、本当は一言で「加害者」と「被害者」にきっちりわけて考えるものではないと僕は思っています。誰かを助けたいとき、一番大事なのは、その人の気持ちです。でも、なかなか悩みを話してくれませんよね。それは、助けを求めるのが、恥ずかしかったり、相手に迷惑をかけることだと思って遠慮しているからかもしれません。だとしたら、こっちから先に悩みを相談してみるってのはどうかな？

些細《ささい》なことでいいから、自分の悩みを話してみて、相手が話を聞いてくれたら「ありがとう！」って感謝していたら、相手も安心して相談してみようかな、って気持ちになるかもしれません。そのとき、大切な3つのことがあるんです。

（1）話してくれてありがとうと伝える。

自分を信頼して話をしてくれたんです。すなおに、信じてくれてありがとうね、って言いましょう。

（2）とにかくオウム返し。

相手が話してくれたことに、ついつい反応してしまいがちですが、そこはぐっと堪《こら》えましょう。

相手が「つらいんだ……」って言ったら、「そうか、つらいんだね……」と、相手が「腹が立ったんだ……」って言ったら、「そうか、腹が立ったんだね……」というように、オウム返しするんです。

それが、相手の心に共感する一番簡単で一番効果的な方法です。

（3）調書をとらない。

話しにくいことを話すときには、ついつい本当のことを話せないことが多いです。

そして、話しているうちに、あらたに思い出されることもあります。

そういうときに、相手の一語一句を覚えていて、「それ、さっき言ってたのと違うよね？」なんて言っちゃったら、相手は素直に話せなくなってしまいます。

相手の話を聞くために一番大事なことは、相手が話しやすくすることです。相手の話の矛盾点や間違いをいちいち指摘しないで、とにかく穏やかに、共感しながら話を聞きましょう。そして、相手の話をたくさん聞いたら、「で、これからどうしようか？　あなたはどうしたい？　あなたはどうなったらいいと思う？」を考えるんです。実は、つらいことから脱出する3つの方法があるんです。つらいことから脱出する3つの方法は、

（1）嫌だって言ってもいいんだよ。

嫌なことをしてくる人のなかには、相手が嫌がっていないと思い込んでいる人もいます。

そういう人には、「自分はそういうことを言われたり、されるのが嫌なんだ」って言うだけで、そういうことをしなくなるかもしれません。でも、1人では言えないかもしれません。そういうときは、「嫌だ」って言うときに、その子のそばにいてあげるだけでも、心強くなりますよ。

（2）離れてもいいんだよ。逃げてもいいんだよ。

嫌なことをしてくる人のなかには、あなたに嫌なことをしてやろうと思っている人もいます。

そういう人には、「やめて」と言っても通じません。だから、そういう人とは、距離を置くというのも大切なことです。でも、一人だとできないかもしれません。そういうときは、離れたところから、「こっちおいでよ！」ってよんであげるように約束しておくと、心強くなりますよ。

（3）話してもいいんだよ。相談してもいいんだよ。

嫌だとも言えないし、距離をとることもできないときは、誰かに自分の気持ちを伝えるのもとても大事なことです。でも、一人だと相談しにいけないかもしれません。そういうときは、一緒に行ってあげると、心強くなりますよ。

最近、悩みがあっても相談できない、という人が増えています。

とても優しい人たちです。そういう人たちは、自分のせいで、誰かを心配させたり、困らせたりしたくない、って思ってしまいがちです。だから相談できないままに、自分が我慢すればいいんだ……って思ってしまうのです。

でも、心の問題は虫歯と同じです。我慢すればするほど悪くなってしまうことが多いです。そして残念なことに、心の問題の解決の仕方を、誰も教えてくれません。

ただただ、「我慢しなさい」「気にするんじゃない」と言ってしまうのです。

でもそれは、「こんなことも我慢できないあなたが悪いんだよ」「こんなことを気にするあなたが悪いんだよ」と言ってるのと同じです。これでは、相談した人が自分を責めてしまいます。それは、とても悲しいことです。実はこの「つらいことからの脱出の仕方」は、アメリカで考え出された方法です。子どもを虐待や暴力から守るための「CAP《キャップ》」という取り組みがあります。Child Assault Prevention（子どもへの暴力防止）の略で、アメリカから来たプログラムです。CAPではまず最初に、暴力の定義をはっきりします。暴力とは、自分の安心と自信と自由が奪われる状態です。叩かれていなくても、虐待されていなくても、安心と自信と自由が奪われたら、もう暴力であり、解決したほうがいいんです。でも、その解決のときに、相手の安心と自信と自由を奪ってはいけないですよ、という考え方です。素晴らしいと思います。そして、相手の安心と自信と自由を奪わない解決方法を学んでもらいます。そのために使われているのが「劇」なんです。CAPでは問題の解決の仕方を、劇によって伝えるのです。その劇は、3パターンです。

1．いじめにあった子が、いじめられたままのお話。
2．いじめにあった子が、友だちと一緒に問題を解決するお話。
3．2の劇の助ける役を、クラスの友だちにやってもらう。

です。プログラムに参加した子どもたちは、劇を通して、困っている人がどういうふうに助けを求めるかを学び、自分はどうやって助ければいいのかを学びます。

小学校ぐらいで、「人に悩みを相談する練習」と、「人に悩みを相談されたときに、助ける練習」をしていくのです。そうすればお互いに、悩みを人に話して助け合いやすくなるという考え方です。素晴らしいワークショップなので、ぜひ学校で子どもたちに提供してあげてほしいです。全国にCAPのワークショップを提供しているボランティア団体がありますし、ホームページもありますから、ぜひ調べてみてください。

人間関係の問題は、悪いことをするやつをやっつける。懲《こ》らしめる。という、時代劇のような単純な解決方法では解決しないどころか、こじれることが多いです。人に助けを求めるのも、人を助けるのも、難しいです。だったら、学んだらいいです。練習したらいいです。もちろん、最初に書いた「話の聞き方」や「つらいことからの脱出の仕方」は、いじめ以外のときでも使えます。つらいときにはNo！　Go！　Tellと覚えておくといいよ。人にはそれぞれつらいことや悲しいことがあります。

僕はたくさんの子どもから手紙や感想文をもらいますが、そのなかには、「家のなかがゴミだらけで、ごはんを作ってもらえません。親は家に帰ってきません」というものや、家族からの暴力を受けている子や、親が無理強いする受験勉強で心が壊れそうになっているという子もたくさんいます。それ以外にも、家族のように暮らしていたペットが死んじゃった、や、家族がばらばらになってしまった、ということでも、悲しんだり苦しんだりしている子はたくさんいます。

「いじめとかうちの学校にはないし、親に虐待された子なんて私のまわりにはいないけど？」

もし、そう感じる人がいたら、それはあなたの目には見えていないだけです。

傷ついた姿を恥ずかしいと思い、誰にも見せないように隠している子がたくさんいます。みんな頑張って「大丈夫な演技」をしているだけです。つらい思いを抱えている子は隣《となり》にいるかもしれません。または、家でのつらいストレスを、自分より立場の弱い子にぶつけている子もいるかもしれません。問題行動で「助けて！」と悲鳴を上げている子もいるかもしれません。

僕たちはお互いに、悩みや傷ついた心を抱えています。全然完璧《かんぺき》じゃない人同士です。だから僕らは助け合う必要があるんです。そのためには、「助けてあげたい！　頼って！」と言うのではなく、まずは自分から、助けの求め方のサンプルを示すことが大事だったりします。ぜひ、勇気を出して、まずは頼ってみてください。そうしたら、相手も頼ってくれるかもしれませんよ。

Q32 落ち込んでいる友だちを、はげます言葉が知りたいです。だったら、黙ってうなずいて話を聞こう。

落ち込んでいて、君に頼ってきた友だちをはげましたいけれど、言葉が見つからない。何も言えない自分が情けない。そんな君の話を聞いて、僕は実は、ほっとしました。落ち込んでいる人を相手に、迷わずポンポン言葉のアドバイスをするのは怖いことだからです。

僕には、悩みごとを聞くときに使わないようにしている「NG言葉」があります。

「気にするな！」

「心配するな！」

「もっと元気出せよ！」

「もっと自信を持ちなよ！」

だって相手は、気にしているから相談してきているんです。それを、「気にするな！心配するな！」とか「気にしすぎだよ」と返してしまったら、もう、その人は相談してくれなくなります。

そもそも「元気出せよ！」と言われて元気が出る人っているのかな？「もっと自信を持ちなよ！」と言われて、自信が増える人も、ごくわずかでしょう。これらの言葉は、効果がないどころか、相手を追い詰めることにもなります。

「せっかくはげましてもらってるのに元気を出せない自分なんて……」

「自信を持ちなよって言われても、何も取り柄《とりえ》がないし……」

相手のなかでこのグルグルが始まると、「元気を出せない自分はダメなんだ」と、ますます自分を追い詰めることになります。

はげますときのNG言葉はまだまだあって、「普通は気にしないよ」は危険な言葉です。それを言われた人は、「普通の人は気にしない？　じゃあ、気にしている自分は普通以下なんだ」と思ってしまいます。

それなら「君は君のままでいいんだよ」というのもどうかなあと思います。だってね、相手はいまのままの自分でいいと思えないから悩んでいるんです。

「よくあることだから我慢すれば？」というのは最悪です。「気にしなければそのうちなんとかなるんじゃない」も、柔《やわ》らかい表現ですが、我慢を強制しています。

社会は厳しいところです。だから、社会の厳しさに耐える練習はしたほうがいいです。

でも、「耐える」と「あきらめる」は、まったく違います。

時々、「我慢しろ！」と言う大人がいますが、その場合の「我慢」は、あきらめたり、やめたり、自分の心を無視することだったりします。それをやると、心がこわれるだけです。

君の友だちは、我慢に我慢を重ねて、こわれそうでSOSを出してきたのかもしれません。そこで君まで「我慢しな」なんて言ったら、その子の心はこわれてしまうかもしれません。そもそも、あきらめたりやめたりしてよくなる未来はありません。自分のいる場所をゆずっているだけです。それを繰り返していると、最後にはこの世に自分のいる場所がなくなってしまいます。「なんで生まれてきちゃったんだろう」「消えてしまいたい」と考えるようになってしまいます。

僕も、何度もそう思いました。

大人は、安易に「我慢」という言葉を使います。それは、問題の解決の方法を知らないからです。

そういう人たちは、問題にであったときに、うろたえます。おびえます。あわてます。感情的に行動します。どれ1つとして問題解決になっていませんね。そして、そういう姿を見てしまった子どもたちは、親に相談できなくなります。なぜなら、親を心配させたり困らせたりしたくないからです。だからいま、親に悩みごとを相談できない、という子がすごく増えています。それは、親を信頼していないのではなく、親を愛しているからです。悲しいです。

我慢とは、あきらめたり、やめたり、自分の心を無視することではありません。

本当の我慢とは、問題を解決するための方法を考えることです。対策もなしに「我慢しろ」というのはとても恐ろしいことです。そもそも、我慢できないからつらいのです。それを我慢しろ、と言われても困ります。大事なのは、我慢ではなく、つらくなくすることです。

僕の暮らす北海道は寒いです。冬にはマイナス10℃以下になります。そんなときでも、実験のために大学生がやってきます。彼らは、見てわかるほどに寒そうです。

ところが、僕は寒くないのです。動いたら汗をかくほどです。そんな僕が、ぶるぶる震える大学生を見て、「お前らなんだ！　今日なんて寒くないだろ！　こんな寒さぐらい我慢できなくてどうする！」って怒鳴ったって、なんの解決にもなりませんね。僕は寒くない。大学生は寒い。その違いは単純です。皮下脂肪です。なんたって最近の若い人は「エヴァンゲリオンかな？」って思えるほどスリムです。だから彼らは寒いんですよ。

で、僕は彼らよりも分厚い脂肪を身にまとっています。ミートテックとよんでいます。アザラシやトドが寒い海でも平気なのに似ています。ただそれだけの違いです。僕は寒さを我慢しているのではなく、寒くないのです。それなのに、「我慢しろ！」なんて言うのはおかしな話ですよね。僕がすべきことは、大学生が風邪など引いて実験に差し障りが出ないようにサポートすることです。だから、「この上着あったかいよ」「この使い捨てカイロ使ったらいいよ」「ストーブここに置くよ」です。ただ「我慢しろ！」なんて言ったって、なんにもなりません。

そしてそもそも、精神論で勝てないことは、戦争で経験済みのはずです。さて、では、どうやったら落ち込んでいる仲間の力になれるでしょうか？　大事なのは、相手の気持ちです。相手がこれからどうしたいのか？　です。でも、それを聞き出すだけでも大変なんです。なぜなら、たいていの人は、困っているときに、「困ったなあ」としか考えていないからです。

でも、「困ったなあ」を何度繰り返しても、状態は改善しません。だから、いつまでも「困ったなあ」という状態が続いてしまうのです。本当は、「困ったなあ」というのは、現在の自分の状態を説明しているだけです。

それは、「寒いなあ」「腹減ったなあ」と同じです。現状報告です。

でも、寒い日に、いくら「寒いなあ」と言っても暖かくなりません。おなかが減ったときに、「腹減ったなあ」と言っても、おなかは満たされません。大事なのは、「寒いから、どうしたら寒くなくなるかな？」「おなかが減ったけど、どうやったらおなかが満たされるかな？」を考えることです。

それを考えるためには、現在の状態をなるべく詳細に知る必要があります。

でもそれは、相手にしかわからないことなのです。

だから、相手の話を聞く、というのが、とても大事なことになります。相手の話を聞くときに大切なことと、つらいことから脱出するための方法は、Q31に詳しく書きましたから、ここでは簡単に書きます。相手の話を聞くときは、まずは、自分を信頼してくれて、悩みを話してくれたことに「話してくれてありがとうね」と言ってあげましょう。

相手は、相談なんかしちゃって、君を困らせちゃったんじゃないかなって心配していますから、まずはその心配を消してあげましょう。次は、相手の話に共感するために、自分の意見などいちいち言わないで、ゆっくりと、うなずきながら、相手の言葉をオウム返ししながら聞きましょう。相手が「つらかったんだ……」と言ったら、「そうか、つらかったんだ……」と言えばいいです。そうしてるうちに、相手は安心していろんなことを話してくれるから、だいたい聞き終わったら、「じゃあ、これからどうしようか？ 君はどうなったらいいと思う？」を考えてみましょう。たった一言ですっきり問題解決するような言葉は、なかなかありません。

せっかく悩みを相談してくれた相手に感謝して、ゆっくり話を聞いてあげてください。そして、解決方法は、一緒に考えたらいいです。2人で足りなければ、「問題を乗り越えた人を探して話を聞く」のが効果的です。それは、「夢の叶え方」と似ています。2人で解決すべき問題がわかったなら、勇気を出して、その悩みを誰かに話すのです。そうしたら、過去にその問題を乗り越えた人が、乗り越え方を教えてくれます。その人に出会えるまで、話すんです。きっと、2人ともとても強くなれますよ。

Q33 ネットの投稿が炎上し、みんなに非難されています。だったら、「自由と権利」について学んでみたら？

SNSは人と人がつながるための新しくて自由な場所のはずなのに、いつのまにか戦いの場になってしまうことがあります。

相談されたので、君の投稿《とうこう》を僕も見てみたけれど、「なぜこれが炎上するの？」と不思議でした。君の投稿の内容のせいではなく、これはネットの性質の問題じゃないかな。

たとえば、「僕はA店のラーメンが大好きです！」という投稿は自由です。

でも、その投稿に対して、「Aのラーメン!? あんなまずいものが好きなんて、あんたの味覚がおかしいんじゃないの？」と、読んだ人が思うのは自由です。でもそれを、コメントとして書き込む必要はありませんね。

「ラーメンなんて油と塩分とカロリーが多すぎだ。そんなものを食べる人の気がしれない！」と思うのも自由ですが、それをコメントとして書き込む必要もありません。

人の考え方や好みは人それぞれ自由です。それを発表するのも自由です。でも、それに対して、直接否定したり批判したりするのは、本当はおかしな行為です。たとえば、あなたがA店のラーメンを食べて、その店を出たところで、誰かが「みなさーん。この人はこんなまずい店のラーメンを好きな味覚異常者ですよ！」と大きな声で、あなたを指差しながら叫んだとします。これは、あなたにとっても、お店にとっても、名誉毀損《めいよきそん》になると思います。なのに、ネットだとおとがめ無しです。おかしな話です。なんでネットだとこんなことになるのか？

それには、ネットの匿名性《とくめいせい》に関係があるでしょう。自分の素性《すじょう》がバレないと思っている人が、隠れて人に石を投げつけるような行為です。でも現実には、ネットには匿名性はありません。わりと簡単に素性はバレてしまいます。それなのに、そんなことする人いるのかな？　と思う人もいるかもしれませんが、いますね。だってね、車にドライブレコーダーが装備されている時代なのに、いまだにあおり運転をする人がいますよね。顔もナンバーも記録されるのに。そして、こういう人たちに共通しているのが、「相手が間違っているから、正してやっているんだ」という考え方です。

ネットでも、文章全体の意味を考えずに、使われている単語の用途が間違っているという部分だけに異常に反応して、からんでくる人たちも多いです。あおり運転でも、「相手の運転マナーが悪いから、厳しく指導してやる」という考えの人が少なくありません。だからこそ、おかしなことをしているという自覚がなく、正しいことをしていると思っているから、素性がバレてるネットでも、記録されちゃうドライブレコーダーがあっても、どうどうとからんでくるのかもしれません。ではなぜそうなるのか？

僕はそこには、教育やテレビドラマの問題があるような気がしています。日本と言わず、先進国の多くは、司法制度を持っています。社会秩序《ちつじょ》を守るために、罪を犯した人を裁く仕組みです。その司法制度は、日本の場合、警察、検察、裁判所の3つの組織で成り立っています。この3つの組織は、それぞれ独立しています。

警察は、犯人を逮捕します。ある程度の証拠集めもします。検察は、犯人を取り調べ、裁判にかけるべきかどうかを判断します。裁判所は、法に基《もと》づいて、犯罪を審議し、刑《けい》罰《ばつ》を決定します。これらの組織が独立している理由は、3つが独立していないと、犯罪のでっち上げや冤罪《えんざい》などが発生してしまう可能性が高く危険だからです。

残念ながら、テレビドラマではこのあたりの分け方がかなり曖昧《あいまい》です。警察が検察の仕事もしていたりするケースも多いです。それが、見ている人に間違った認識を与えています。そして実は、教育現場では、このような「冤罪防止」のための仕組みがありません。1人の先生が、警察と検察と裁判所の機能を持ってしまいます。

僕は中学生のとき、先生によって裁かれている同級生を何度も見ました。「パーマをかけるのは校則違反だ」と言われた女の子は、「天然パーマなんです」と反論しました。すると先生は「確かめてやる！」と、その子を無理やり水道の所に連れて行き、いきなり水道の水で髪の毛を洗いました。びしょ濡れのその子は、恥ずかしさと冷たさと悔しさで泣いていました。まるでバイオレンス映画の拷問《ごうもん》シーンそのもので、あの残酷《ざんこく》さはいまでも忘れられません。

しかもその子は、言ったとおりに天然パーマで、校則違反はしていなかったのです。でも、自分の間違いだとわかっても、先生はあやまりませんでした。

「髪がくるくるしているなら、縛るか短く切ればいい。疑われるような髪型をするほうが悪いんだ」と言い張るのです。僕はなんて理不尽だろうと思いました。もしも大人が社会でこれをやったら、犯罪行為です。なのに、学校のなかで、先生が生徒にやってもおとがめ無しです。完全におかしいです。

こういう大人を見ながら大人になると大変です。なぜなら、人間は自分が経験したことをやってしまうからです。「自分が正しくて相手が間違っている、と思ったら、罰を与えて正してやればいいんだ」と勘違いしてしまう可能性が高いです。それが「自粛警察《じしゅくけいさつ》」などにもなってしまうのかもしれないと、僕は思っています。

そして、そういう経験をしてきた人が親になると、家族に対して自分ルールを強要するようになり、そのルールを破ると、罰を与えるようになります。進路に関しても親のルールを強要し、子どもの自由や権利を奪っているケースもあります。それは、児童虐待やドメスティックバイオレンスになることもあります。だから僕は、みんなが正しく「自由と権利」を学ぶべきだと思っています。

1. 自分が何を思っても、何が正しいと信じても、自分の自由。
2. 相手が何を思っても、何が正しいと信じても、相手の自由。
3. みんな自由に思う権利があるから、お互いの権利を尊重する。

たったこれだけのことです。自分と違う意見や考え方の人はかならずいます。それに対して自分の意見は違う、と思ったなら、相手のサイトで相手に対して言うのではなく、自分のサイトで自分の意見として書くべきです。

でも残念ながら、学校では、子どもたちの自由と権利をすごく嫌がります。そんなことを認めたら、学校がめちゃくちゃになる、と信じている先生も多いです。

でもね、それなら社会はめちゃくちゃですか？　人間は全員、自由と権利を奪われなければ、力を合わせられないのですか？　そんなわけないでしょ。

僕たちは、学校というかなり特殊な環境で、人権を無視した校則などを理不尽に押しつけられ、気がついたら、他人の自由や権利を理解できない人間にされてしまっている可能性があります。それは、社会秩序を乱す、ものすごく危険なことです。安易に、「正してやる！」「教育してやる！」などと思わないことです。そういう人たちは、きっと自信がないから、人より上の立場になりたいんです。

そういう人たちと、いくら議論しても、いくら説明しても、簡単に論点をすり替えられて、いつまでも批判され続けます。

そして、うっかりそういう人を論破しようものなら、今度は、「そんなことを言われる筋合いはない」「あなたの言葉で傷ついた」と、被害者ヅラをして、さらに攻撃してきます。こんな人たちに付き合っていると、魂がどんどんダークサイドに墜《お》ちていきます。

だから、こういう人たちには、一言も反論しないで、そっと「ブロック」が一番いいですよ。

Q34 仕事で大失敗をして、「できない人」のレッテルを貼られました。だったら、「テヘペロ」をしてみたら？

仕事でミスをして、「できない人」とレッテルを貼《は》られて立ち直れない……これはつらいです。

「ほかの人が当たり前にできることを、私はできないんです」って言う子もいるけれど、僕は「そんなの、しょうがないんじゃない」という気がします。だって、人には得意、不得意が絶対にあるんだから。

たまたま不得意なことが回ってきて失敗するのは、能力が劣っているからではありません。得意なことが回ってきたら、うまくやれたりするものです。

それなのに、上司や先輩に「できない人」というレッテルを貼られてしまった君が、「自分が劣っている」と思い込んでしまうのは、勘違いです。

君は劣っていないし、失敗は誰でもする。だから、できなかったなら、「なんでできなかったのかな？」と原因を考えて、「どうやったらできるようになるかな？」と対策を考えるんです。よく日本では、「失敗したら責任をとって切腹ものだ」とか、「失敗したから責任をとって丸坊主にする」なんていう言葉を聞きます。または、責任の取り方を、お辞儀の角度や時間で計るという馬鹿なこともやってしまいます。でもそれは間違った責任の取り方です。なんて無責任な責任の取り方でしょう。責任を舐《な》めんな、と思います。

僕の会社では、いかなる失敗にもペナルティはありません。失敗したから担当から外す、なんてことはありません。なぜなら、失敗の度に担当から外したら、それまでに積み上げた経験が全部失われるからです。そのほうが会社にとっては大損です。むしろ、続投してもらって、失敗の再発を防ぎながら、やり遂げてもらったほうが、よっぽど会社にとって有益《ゆうえき》です。

本当の責任とは、

1. すべきことを、方法を変えてでもやりとげること
2. 失敗の再発をふせぐこと
3. 生き延びること

です。どこにも、自分の体や心を傷つけたり辱《はずかし》めたりなんてのはありません。だから、失敗したからといって、自分を責めたり、ダメなヤツだと決めつける必要は一切ありません。人間は、常に100%の性能を発揮できるわけではありません。忙しすぎても、人は失敗します。やるべきことが多すぎたり、時間がなかったりすると、心も体もくたびれて、普段ならできることができなくなります。間違った判断をしたり、そもそも判断が出来なくなることもあります。そうすれば仕事がうまくいかなくなるし、それどころか、職種によっては事故になる危険もあります。もしくは、家族の誰かが風邪を引いただけでも、心配で注意力が低下します。失恋したりしたら大変ですね。ものすごく能力は低下します。

でも残念ながら、本人は自分が本調子でないことに気がつかないことが多いです。それどころか、忙しくなればなるほど、へんなアドレナリンが出て、興奮状態になって、余計に無理して頑張っちゃったりします。そして失敗します。それを防ぐためには、まわ

りの目が必要です。

だから僕の会社では、「『誰かから、大丈夫?』って言われたら、『大丈夫!』って答えるのではなく、『え? 僕まずい感じ?』って考えよう」と話しています。そして、「まわりの人をよく見てね。普段と明らかに顔色が違ったり、行動がおかしかったら、迷わず声をかけようね」と話しています。

以前、真夏に外で仕事をしていました。一緒に作業している他の会社の人たちが、ジュースを飲んだり、エアコンが効いた自動車のなかで休憩しているのを、僕は「なんだ、この程度の暑さでだらしないなあ」と思いながら、休憩も取らずに仕事をしました。そうしたら、なんだか鼻水が出てきました。僕は洟《はな》をすすりながら仕事を続けました。その僕に気がついた人が、「ダメだ!」と叫びました。そして、僕を無理やりエアコンの効いた車のなかに押し込みました。そして、冷たいジュースを何本もよこすのです。まもなく僕は、ものすごく気持ち悪くなり、吐き気もしてきました。僕は、熱中症になっていたのです。

もしも僕1人で作業していたら死んでいた可能性があります。そして、僕を助けてくれた人は、過去に熱中症の人を見たことがあったから、僕の症状に気がついたのだそうです。本当に助かりました。その経験があるから、僕はみんなの体調をみんなでチェックし合うようにしました。

　自分が調子悪いとき、無理して危険な仕事をしたら、自分が死んでしまうか、誰かが死んでしまうかもしれません。だからこそ、間違った責任感で頑張らないで、本当の責任感で、上司でも人事でも、誰かに解決してもらえるように相談しましょう。相談してもどうしても解決しそうにないなら、逃げてもいいと思います。そのほうが被害が少ないかもしれません。

　君はいま、失敗して叱《しか》られて、しょんぼりしているけれど、僕に言わせたら、失敗したことを怒ったり責めたりする人のほうが、どうかしています。自分だって、失敗してきたはずです。

　そもそもどんな人でも、最初から「いまの自分」ではありません。最初は何もできなかったのです。それが、いろんな経験を積み重ねて、どうにかこうにか「いまの自分」になったのです。

　先日、息子が自動車の免許を取りました。はじめて息子が運転する車に乗りました。ものすごく緊張します。自分とは運転の仕方が違うからです。いろんなことを言いたくなりました。だって、事故なんて起こしてほしくないからです。でも、ふと考えました。じゃあ自分は、いままでノーミスだったかな？　頭のなかに、いままでやらかしてきたことが走馬燈《そうまとう》のようによみがえりました。土手から落ちたり、電柱にぶつかったり、警察につかまったり……いろんなことをやらかしてきました。だから、「事故を起こさないために厳しく指導する」よりも、「事故は起きる可能性があるからこそ、もしも事故が起きたらどうすべきか」をしっかり伝えたほうがいいなあ、と思いました。

失敗はゼロにはできないのです。だから、失敗の可能性を減らすのが一番です。失敗するな！　ではなく、失敗したらどうすればいいかを考えよう！　なのです。

僕は時々、「自分は、どうして、いまの自分になったのかな？」と考えることがあります。そのたびにずいぶんたくさんの人たちが、素人の僕を見捨てず、投げ出さず、教えてくれたり、支えてくれたんだなあということを思い出して、感謝があふれてきます。

僕は、それを思い出しているので、誰かが失敗しても、「わかるー！」になります。怒る必要もなく、「自分は失敗したとき、こうやって乗り越えたよ」と伝えればいいだけです。そのために、この本も書いています。

こう考えると、失敗した君を怒鳴ったり、「ダメなやつ」とレッテルを貼る人は、不思

議な人です。おそらく、

1．チャレンジを一切したことがないので、失敗をした経験がない人。

2．さんざん失敗しているのに、たまたま大きな問題にならなかったので、「自分は失敗をしたことがない」と思い込んでいる人。

3．自分の失敗を忘れている、もしくは誰かのせいにした。もしくは記憶喪失《そうしつ》になった人。

4．失敗に関係なく、人を痛めつけるのが好きな困った人。

じゃないかな。

こういう人のなかには、人が怯《おび》える姿や落ち込む姿を見ると、さらにヒートアップしちゃう人が多いです。なぜなら、こういう人たちは、たいていの場合、自信がないからです。

なぜ自信がないのか？　それは、失敗を避けるからです。失敗を避けるためには、最高の方法が3つあります。（1）何もしない（2）できることしかやらない（3）言われたとおりにする、です。これをやれば、失敗しなくて済みます。

しかし、これをやると、

（1）何もできなくなる

（2）成長できなくなる

（3）考える力を失う

になります。

これでは、なんのために人として生まれてきたのかわかりませんね。

こういう人たちは、自分の経験値も能力も増えていかないので、不安なんです。

だから、自分以下をつくりだそうとしてしまうから、自分より立場の弱い人を追い詰めます。相手が怯えたら、さらに攻撃してしまいます。

どうでしょう？　そう考えると、ろくな相手じゃないとわかります。たとえ上司だろうと先生だろうとえらい人だろうと、人としては、どうってことない人です。

そんな人に怒られたときは、怯えたり、落ち込んだりしたら、なおさら攻撃されるかもしれません。だから、失敗してしまったときは、「やってもうた！」と叫んで、「テヘペロ」がいいんじゃないかな？

できるだけ、可愛《かわい》くやりましょう。そうしたら、相手も怒りにくくなるかも。ただし、その結果については、個人差が大きいので気をつけましょう。でもね、真面目な話、普段から、失敗や責任について、まわりの人たちや上司とも、よく話し合っておくといいよ。したくてする失敗なんて無いんだからさ。

Q35 かわいそうな子と思われたくなくて、誰にも相談できません。だったら、「さすが自分」「自分すげえ」を口癖にしてみたら？

「教室で1人でお弁当を食べるのは恥ずかしいから、トイレで食べている」という君から、メールをもらいました。

授業中はいいけれど、休み時間はつらいね。「一緒にお弁当を食べる友だちがいないなんて、かわいそう」と思われるのが恥ずかしくて耐えられないから、君はトイレでお弁当を食べている。

「友だちはたくさんいて、放課後は一緒にカフェに行く。実はお金がないから断りたいけれど、かわいそうな子と思われてしまうから、無理をしてつきあっている」という子からもメールをもらいました。

いわゆる友だち地獄というやつです。みんなと同じように行動していないと、はみ出してしまう。いじめられて仲間外れにされるんじゃなく、「あの子は自分たちと違う。かわいそうに」と特別扱いをされて、少しずつ距離をとられてしまう。だから無理やり合わせて友だちでいるけれど、それも地獄……。

「かわいそう」と特別扱いされないためには、無理して「普通」を演じなければいけません。そうなったら、誰にも悩みを相談できなくなります。うっかり相談したら「あの人、こんな悩みがあるんだって」「えー、かわいそう」と、うわさ話になってしまう可能性があります。みんなが弱みを見せないように、かわいそうと思われないように注意深く自分に仮面をつけて暮らしていると、他のみんなはちゃんとしているように見えてしまい、弱くてダメなのは自分だけだと思ってしまうようになります。でも本当は、君以外のみんなも、同じように、弱くてダメなのは自分だけだ、って思っちゃっています。

だから最近、そういう相談の手紙やメールがすごく増えています。「先生や大人の顔色をうかがって、優等生を演じているうちに、自分が誰だかわからなくなってしまいました」という悲しい手紙もありました。

なんでこんなに「みんなと同じ」が求められるのかなあ。だってそもそも、この世に同じ人間なんていないんだよ。だからDNA検査が成り立ってるんだよ。みんな違うんだよ。だけど、日本では異常なまでに、「違う＝おかしい。ダメ。かわいそう」という考え方があります。

その背景には、日本の経済の在り方も影響しています。日本は、鎌倉幕府の時代から、平成の真ん中あたりまで、ずーっと人口が増え続けた珍しい国です。特に明治維新の後からの150年間は、日本の人口は先進国のなかでも珍しいペースで急激に増えました。そのときに何が起きるのか。それは、「足りない」なんです。お客さんが増えまくるので、作っても作っても足りないんです。サービスをしてもしても足りないんです。だから、そこら中に同じようなお店がばんばんできました。足りないからです。一店だけでは追いつかないからです。そのときの成功の秘訣《ひけつ》は、「誰かがやって、成功していることを、真似してやったら確実に成功！」です。足りないからです。ですから、明治維新の後からの150年間の日本の成功の秘訣は、「同じ」「普通」「みんながやってる」だったんです。

それが、いまだに続いています。大人はみんな、それが成功の秘訣だと信じて疑っていません。そしてそれを、子どもたちにも押しつけるのです。でもね、実は平成の真ん中あたりから、日本の人口は急激に減り始めたんです。これは、日本人がはじめて経験する人口減少です。いままでの日本人は、誰も経験していません。しかも、こんなに急に人が増えて、こんなに急に人が減る国もないんです。ものすごく珍しい現象です。だから、世界中さがしても、この状態に対する解決策がありません。この問題は、日本人が自分たちで解決しなければいけないのです。

人が減ると何が起きるのか？　余るんです。作ったら余るんです。だからいま、お店がどんどん潰れていますね。コロナの影響だけではないですね。

なんたって、見分けがつかない同じようなものがあったら、比べられて、安いほうが選ばれてしまうのです。これでは儲かりません。食っていけません。すっかり成功の価値感が変わってしまったんです。人口が減る時代に、「同じ」「普通」「みんながやってる」をやったら、食べていけないんです。人間も、「同じ」や「普通」だと、比べられてどんどん安くなってしまうんです。この人口が減る時代には、「違う」「見たことない」「誰もやらない」ことが成功の秘訣です。でもいまの日本は、まだまだ昔の常識が根強いので、それができないんです。前例のないことは認めてもらえないです。だからいま、日本の国力は、ものすごい勢いで低下しているんです。

そもそも僕たち哺乳類は、オスとメスとで子どもを作ります。なぜなら、「違う」を目指すからです。もしも、自分とまったく同じ遺伝子のクローンをどんどん作ったら、それはたった1つのウイルスで全滅する可能性があります。だからこそ僕たちは、大好きな自分の遺伝子を半分捨てて、他人の遺伝子を半分取り込んで、自分と違うものを作るんです。それは、生き延びるために哺乳類が身につけた素晴らしい方法なんです。なのに、日本では「違う＝おかしい」と言われます。その考え方は、種《しゅ》の存続から言っても危険です。

だから僕は、「違う」って「すてき」だよ、って思っています。それは、必要だから生まれてきた「違い」なんです。どこかで誰かの「違う」と結びついて奇跡を起こすんです。

だから、お願いだから、他の人とちょっと違う自分にも「すてき」ってつぶやいてあげてほしいんです。

僕は、自分をほめる練習をしています。やり方は簡単です。たとえばロケット教室のとき、天気予報が雨だったのに、ギリギリ降らずに無事に終了したら、「さすが、俺」と言います。

大好きなココイチのカレーを食べて、「うま〜!」って思ったときも、「うまいって感じられる、さすが俺」と思います。ビール飲んで「うまい!」と思ったときも、「さすが俺」。だって、体調が悪かったり、気分が沈んでいたりしたら、ごはんもビールもおいしく楽しめませんからね。元気なのも、楽しめるのも、「さすが俺」なんです。ってことを頑張ってやっていたら、なんだか知らないけど、本当に元気がわいてくるんです。

もしかしたら幸せって、「さすが俺」と思えることかなという気もします。

「さすが自分」と思えれば、人にどう思われても自分は自分と思えるようになっていきます。ちょっと時間はかかるけれど、ここからがスタートです。

そして勇気を出して、自分の弱点を話しちゃいましょう。それは恥ずかしいと思います。でもね、その弱点を聞いた人のなかに、同じような弱点を克服した人がいたら、その人は君を助けずにはいられません。助けてくれます。そうしたら君は、その弱点を克服できちゃいます。成長できちゃうんです。

無理して自分をよく見せようとして、自分のことを盛《も》ってしゃべっていたら、誰も助けてくれないから、そのまま成長が止まってしまいます。もったいないです。そして、人に弱さを含めた自分を見せることができれば、仲間ができるんです。仲間なんだから、お互いに弱さを見せていいし、甘えてもいいし、迷惑をかけてもいいんです。

君は「人に迷惑をかけないで、ちゃんと生きなさい」と教わったかもしれないけれど、人と人がかかわるということは、間違いなくお互いに迷惑をかけ合うことです。

相手もダメだし、自分もダメだから、助け合える。

相手も足りないし、自分も足りないから、助け合える。

相手も弱いし、自分も弱いから、助け合える。人はそうやって進化してきたんです。

そもそも、人間は大脳を発達させてしまったために、睡眠《すいみん》を必要とします。寝てる間は無防備だから、仲間が必要になったんです。人は、睡眠が必要という段階で、とっても不完全で弱い生き物なんです。それなのに、強がったってしょうがないよね。無理して1人で頑張ったら、1人分の仕事しかできません。だけど、助け合ったら、100人分、200人分のパワーを発揮できるんです。

「人を助けたい」と思うのは、たぶん人間みんなが持っている、尊い本能だと思います。自分の弱さを認めて「助けて」と言えたら、君は強くなります。そんな君のことを、かわいそうだなんて哀れむ人は、いないんじゃないかな。

Q36 「繊細さん」なので、積極的になれません。だったら、「自分の領域」を広げてみたら?

「メンタルが弱い」と悩む君のように繊細《せんさい》な人たちから、僕はよく質問をされます。

「どうしてそんなに人前でしゃべれるんですか?」

「どうして緊張しないんですか?」

僕は、いまでも人前に出ると緊張します。していないように見えるだけです。僕は、人前でしゃべるのがものすごく嫌なんです。いまでも、可能ならば、演台の後ろに隠れてこっそりしゃべりたいんです。

それでも人前でしゃべり続けている理由は、「しゃべらなきゃいけない」と心に決めているからです。

僕には夢があります。僕は人の自信や可能性が奪われない社会を作りたいんです。僕はいじめや虐待を無くしたいんです。僕は、人がもっと優しく生きられる社会にしたいんです。僕は、人の自信や可能性を奪い、いじめや虐待の元になってしまうのは、「どうせ無理」という言葉だと思っています。だけど、その言葉を使っている人もまた、誰かに自信や可能性を奪われた人たちだと思うんです。だから僕は、「どうせ無理」という言葉に負けない人を増やしたいんです。

だから僕は、できるだけ多くの人に、「どうせ無理」なんていう言葉には、負けなくていいんだよ。みんなは、なんでもできる可能性をもっている素晴らしい人たちなんだよ、ということを伝えたいんです。正直なところ、会社を経営しながら、日本中の学校に話しに行くのは、かなり大変です。スケジュールもギリギリになるから、よほどの奇跡でも無い限り、どこでも観光をしたことがありません。別府も何回も行ってるけど、一度も温泉に入ったことがありません。京都も毎年行ってるけど、観光施設を見たことがありません。いつもとんぼ返りです。できるだけ多くの未来ある若者に、「負けないで」「応援してるよ」って伝えたいんです。

でも、僕は行きたいんです。

やりたいことがあれば、性格に関係なく話したり、行動できるようになります。たとえばNPO法人「くさつ未来プロジェクト」代表の堀江尚子《ほりえなおこ》さんは、未就学児の居場所づくりをしようと、ものすごくパワフルに活動し、いろんなイベントも開くし、いろんな活動もするし、ロケット教室もどんどん頑張ってくれています。それを、「心が強くて、積極的な人だからできるんだろう」と思うかもしれないけれど、実は堀江さんはとても繊細です。でも、「話して、行動しないと自分がやりたいことは実現しない」と知っているから、繊細さをそっとしまって頑張っているんだと思います。

学校にさまざまな新しい教え方を導入している前・麹町《こうじまち》中学校校長の工藤勇一《くどうゆういち》先生も、普段はとても穏《おだ》やかな人ですが、講演会も活動も精力的です。「子どもたちのために」という熱い思いがあるから、それが伝わってくるのだと思います。

お笑い芸人で会社経営者でもある田村淳《たむらあつし》さんも、テレビでは明るくて主張が強い人に見えますが、とても気を使う優しくてこまやかな人です。彼自身、自分がHSP（ハイリー・センシティブ・パーソン）であることを公言しています。でも、強い思いがあるからこそ、繊細な一面を乗り越えて振る舞っていられるのでしょう。

どの人も、無理をしているのではないと思います。やりたいことがあるから、できちゃうのだと思います。そして、繊細なところがあるからこそ、他の人が見落とすようなことに注意して対策できているから、どんどん前に進めるのだと思います。僕自身、よく楽観的だと言われますが、実際にはものすごくネガティブシンキングです。ものすごく「気にしい」です。でも僕はそれをラッキーだと思っています。その能力があるからこそ、僕も、他の人が気がつかない地雷に気づくのです。気づいたなら、地雷をよけて歩けばいいだけだもんね。

誤解しないでほしいのは、繊細な君に、「キャラを作って強いフリをしろ」と要求しているわけではないこと。ただ、自分の領域を広げてみてほしいだけです。

だって、僕らはそれを経験してきたんですよ。考えてみてください。最初は僕らは、寝返りさえうてなかったんです。たとえばウェイトリフティング。最初から１００キロのバーベルを上げられるわけないですね。基本も知らないまま無理してやったら、体を壊してしまう可能性があります。だからこそ、最初は10キロ、20キロから、徐々に限界を伸ばすように積み重ねていく必要があります。人間関係も似たようなものです。積極的になればいい、というものではないです。「ここが限界」というのも自分で知っておくのがけっこう大事です。

最初は怖いと思うから、少しずつ人に話しかけるくらいから始めるといいんじゃないかな。僕の経験だと、僕が最初に人前でしゃべったのは、小学校です。だから、小学生にわかってもらえるように工夫をし続けました。小学生相手だと、しゃべるときの緊張も少なかった気がします。だから、たとえば小学校で絵本の読み聞かせとかやってみてもいいかもしれませんよ。

子どもの頃、北海道の冬はめちゃくちゃ寒くて、その頃の家は寒かったから、僕は夜、布団《ふとん》に入ると、布団のあまりの冷たさに小さく丸くなっていました。でも、だんだん自分の体温で布団があったまってくると、「冷《つめ》て〜」っていいながら、ほんの少し足を伸ばすんです。そこがあたたまったら、また少し足を伸ばす。

そのうち手足を伸ばして、いつの間にかホカホカになった布団で眠っています。朝、目が覚めたときの布団はあったかくて、抜け出すのが嫌なくらい自分のものです。

自分の領域を広げるって、たぶんこんな感じです。布団のなかで丸まっている君は、手足をちょっとずつ伸ばしてみたらいいと思うよ。

Q37 人とつきあうのが苦手。1人でやっていこうと思っています。だったら、野原で眠ってみようか？

「人とつきあうのが苦手だから、自分1人で頑張りたい。1人でも道は開けますか？」

こんな相談を受けたとき、僕も本当は1人が好きだから、君の気持ちがよくわかるなあ、と思いました。人間はめんどうくさいです。なんといっても、人間は人間の心がわかりません。だから、他人は自分の思うようにはなりません。他人はイレギュラーのかたまりです。だから、人間関係はものすごく疲れます。ストレスになります。

最近、世の中が便利になったので、お金さえあれば1人で生きていけると思っている人が増えています。私は誰の力も必要としないから、あなたも私の力を求めないで。でも、蛇口をひねると水が出るのは、その向こう側で大勢の人が働いているからです。

スイッチを押すと電気がつくのも、コンビニで食べるものが買えるのも、すべて、お金がしてくれることではなく、誰かがしてくれることです。それに気がついていない人が増えています。

人が1人でできることは1人分でしかありません。たとえば天才画家は、1人で絵を描きます。でも、それを誰も知らなかったら、その絵は絶対に売れません。知ってもらうためには、いい絵があるよと伝えてくれる画商や、見てくれるお客さんが必要になります。買ってくれるお客さんもいないと次の絵を描く絵具さえ買えません。展示してくれるギャラリーも必要です。

そもそも、お金だって誰かが作り、その価値を保証してくれていますね。先にも書きましたが、人間は進化の過程で大脳を発達させました。その大脳を休憩させるために、ほかの動物とは異なり、かなり長く深い睡眠を必要とするようになりました。でも、寝ている間はあまりにも無防備です。1人で寝ていたら、あっというまに食べられてしまいます。だから、群れるようになりました。

君が夜に安心して眠れるのも、社会があり、社会の秩序を守る人たちのおかげです。そして、自分と違う人がいるって、実はすごいことなんです。人間は成長します。その成長には、経験が重要です。特に、未知の経験は、人にものすごい成長をもたらします。

ところが、自分で経験を選んだ段階で、それは「自分がやってみようと思う範囲」の経験になってしまうのです。そこから得られる情報は、わりと「理解できる」ものにしかなりません。

そこで重要なのが他人です。他人に誘われたこと。他人に頼まれたこと。それは自分で選んでいないからこそ、未知にあふれています。それは、ものすごい情報をもたらしてくれます。他人は自分と違うからこそ、自分に未知をもたらしてくれるんです。僕は、会社を経営して、失敗して、生き残るために必死になって、ものすごく勉強しました。

ビジネスで降りかかる火《ひ》の粉《こ》を払うだけでなく、必死で戦いました。その結果、僕は勝ちました。でも僕の心はダメになりました。人の心を失い、優しさも失い、すべてを「合理」だけで考えるようになりました。家族も、生まれたばかりの娘さえも、「めんどうくさい」と思うようになってしまいました。そんなときに、僕は知り合って1年もたたない知人から、ボランティアに誘われます。

行きたくない、と思いました。でも、知人のためだから、とついて行きました。

そこで僕は、児童虐待で親から殺されるような目にあった大勢の子どもたちに出会ってしまいました。

親からひどい目にあわされたのに、まだ親を愛しているその子たちの愛と優しさに触れました。

そして、ビジネスで勝つことができても、その子たちを救えない非力さを知りました。

そして、僕がビジネスでやっつけた人にも子どもがいたのだろうと思いました。ひどいことをしてしまった、と思いました。本当は僕は、優しくなりたかったのに……と思いました。


だから僕は、この世から、いじめや虐待を無くしたいと思うようになりました。

そうしたら、仲間がどんどん増えました。

僕1人ではできなかったことができるようになりました。

あのとき、友だちに誘われたとき、嫌だな……と思いながらもついて行ったから、僕の人生は変わりました。もしもついて行っていなかったら、もしも僕1人で頑張っていたら、僕は戦い続けて、やっつけ続けて、人間の心など失っていたことでしょう。だから僕は、人間のイレギュラーがもたらす奇跡を信じます。

それは、天気のようなものかもしれないです。

ずーっと毎日心地よい日が続いたら、そこは砂漠になるのです。昼があり、夜があり、雨が降り、風が吹き、雪も降り、毎日毎日、自分の思うようになりません。でもだからこそ、世界はバランスするのだと思います。自転車もそうです。ハンドルをガッチリ固定したら、あっというまに転んでしまいます。ハンドルがフリーで、目でわからないほどに勝手に左右にブレ続けることで、自転車は意のままに走るのです。僕らを遠くへ連れて行くのです。

人間の非力さという宿命を知ると、「1人でいい」という気持ちが少し変わるかもしれません。試しに、誰もいない野原で、テントなしに、寝袋だけで眠ってみたら？　きっと、怖くて眠れないです。野良犬だって、十分に人を殺せる能力を持っています。くれぐれも、冬の北海道ではやらないでね。

Q38 社会を良くする活動がしたい。海外に行きたいです。だったら、日本で練習してみたら？

最近の中学生や高校生は、とても優しいから、真剣に地球全体のことを考えています。「社会貢献したい」という意欲がある人が多いし、地球温暖化も心配しているし、難民にも心を痛めているし、恵まれない子どものために何かしたいとボランティア活動をしている人も少なくありません。テレビでは、発展途上国で苦しむ子どもたちの映像も多く流れています。

君のように「海外の困っている子どもたちを助けたい」と強く思う人が増えています。僕はそれを、素晴らしいことだと感じています。でもね、何ごとも練習って大事です。いきなり言葉が通じない国で活動するのは大変かも。言葉が通じないどころか、風習も文化もまるで違います。うっかり小さい子どもの頭をなでたりしたら、大問題になってしまう地域もあります。幸か不幸か、日本にも困っている人はたくさんいます。貧困に苦しむ子どもたちもいます。まずは、そういう人たちを助ける経験を積んでおいたら、海外に行ったときに、より一層活躍できるかも。

ところが、「日本で社会貢献してみたら」という話をすると、「えっ？」と戸惑う人もいます。ネットやテレビで見た「海外の困っている子ども」のイメージが強烈に焼きついていて、視野が狭くなってしまっているみたいです。でもね、海外で貧困にあえいで、路上生活をしている人たちを助けるのと、日本で路上生活をしている人を助けるのとでは、何が違うのでしょう？

実際に、日本でも多くの人が路上生活の人を助ける活動をしています。日本でなら、相手も日本語をしゃべることができるから、いろんな意思疎通もできて、そういう立場の人の心を聞くことができる可能性が高いです。それは、海外で活動する際にも、とても役に立つ情報じゃないかと思います。それでも、日本じゃなくて、海外がいいんです。と言われてしまいます。なんでかなあ。さらに言うと、「海外の子どもたちを助けたい」という人は多いのですが、「海外の大人を助けたい」という人とは、出会ったことがないですね。なんでかな。

誰かを助けたい。という気持ちは素晴らしいものです。でも、それは誰のためなんでしょう。もしかして、海外で子どもたちを助けたことで、「すごいね」「優しいね」と認められたいという承認欲求《しょうにんよっきゅう》？　時々、「起業したい」という人のなかにも、「起業した」

ということで賞賛されたいという承認欲求が先に立っている人がいます。そういう人の会社は、まもなく消えていきます。

「金持ちになりたい！」という人に、「金持ちになってどうするの？」とたずねると、「金持ちになると、すごいって言われるから」と言う人もいます。これも目的は「承認」ですね。「金持ちになる」は手段です。僕は、こういう人たちは、自信がないのだと思っています。

とても残念なことですが、日本では「自信」は「うぬぼれ」と言われます。自分で自分を認めることが許されないと、他人に認めてもらうしかないです。

そうなると、「人からどう見られるか」「人からどう思われるか」で生きることになります。しかも、日本では「比べる自信」を教えてしまいます。人と比べて優劣を決める自信です。この自信は、追えば追うほど自信を失います。なぜなら、世界一にならない限り、かならず自分以上が存在するからです。

人から賞賛されたい。人からほめられたい。人から必要とされたい。これは、群れを成《な》す生物である人間が、本能的に求めるものかもしれませんが、そこに「比べる自信」がくっつくと、たいてい悲劇になります。なぜなら、比べる自信は、やがて自分以下を必要とするからです。それは、評論や批判から始まり、やがていじめや差別になります。

人間も会社も、社会から必要だよって思われたら生き延びることができます。そして、社会から必要とされるためには、「必要としてください！」と叫ぶのでもなく、「ほら、社会の役に立ってるでしょ！」とアピールするのでもなく、粛々《しゅくしゅく》と考えて行動しているうちに、それが社会の役に立ったら、必要とされます。

そのためには、社会を見つめて、社会の、悲しいことや苦しいことや不便なことを、自分ならどうするかな？　って考えるのが一番です。そして、そのためにも、社会の「課題」を知る努力も必要です。

テレビで海外の貧困にあえぐ子どもの映像が多く流されているから、海外の子どもを助けたい、という気持ちになるのはわかります。でも、テレビで放送されていないだけで、日本でもたくさんの人たちが貧困で苦しんでいます。それは、「待っているだけ」では手に入らない情報です。そして、さらに重要なのは、「自分ならどうするかな？」を考えることです。

時々、大きな災害の現場に駆けつけてくれるボランティアの人たちのなかに、長靴も手袋も持たないで、「僕は何をすればいいですか？」「言われたことをやりますよ」という人が来てしまうそうです。もちろん、来てくれるのはありがたいのだそうですが、こういう人のために、長靴や手袋を用意しなければならず、おまけに弁当も寝床も用意しなければならず、さらには、ことこまかに作業の指示までしなければならず……となると、災害現場では負担になってしまうそうです。かと思えば、装備一式どころか、寝具も食事の用意もすべてしてきて、おおよその作業を教えてもらった後は、黙々と災害復旧をしてくれる人もいるそうです。この両者の違いは、「考える力」なのだと思います。

「大きな災害が起きた！　助けに行こう！」だけなのか、「現場ではがれきのなかや、泥のなかを歩くことになるだろうな。丈夫な長靴が必要だな。怪我をしても、医療は現地の人たちで一杯だろうから、怪我しないように手袋も必要だな。寝る場所もないだろうな。食事だって、現地の人さえも食べるものがないだろうから、自分でもって行こう！」なのか。「考える力」は、ものすごく大事なものです。また、「なんでそうなるのかな？」を考える力も大事です。

僕は毎年、ゴミ拾いのボランティアに参加しています。毎年毎年、たくさんのゴミを拾います。正直なところ、ばかばかしいです。ゴミを拾うのではなく、ゴミを捨ててはいけない、という教育のほうがよっぽど重要だと思います。でも実際には、小学校でも中学校でも、学校で掃除をするし、ゴミ拾い活動もやっています。なのにゴミを捨てる人がいるということは、それらの教育では不十分だということでしょう。だったら、もっと違う方法を試したほうがいいだろうに、と思います。毎年ゴミ拾いをするのは素晴らしいことです。でもそれでは問題は解決しないです。もっと深く考え、働きかけることもできるはずです。

貧困問題にしても、「なんでこの子たちは貧しいんだろう?」と考えていくと、いろんな問題がつながっていることがわかるかもしれません。それによって、もっと効果的な対策を考えることができるかもしれません。

世界の子どもたちの貧困にしても、深く考えたら、世界の政治や経済の在り方についても、多くを学び、もしかしたら国連を動かせるようになるかもしれません。誰のためなのかな? なんのためなのかな? どうしてそうなるのかな? 自分ならどうするのかな? 目の前の手段にとらわれないで、深く深く考える力。それこそが、社会の問題を解決する力になり、それは社会から必要とされます。一足飛びに社会から必要とされることを求めると、手段と目的を間違える結果になる可能性が高いです。

問題を解決したら、結果として社会から必要とされちゃった。のほうがいいと思います。

そのためにも、「考える力」を鍛え続けてほしいです。鍛えるためにも、まずは、自分のまわりから、困っている人を助ける練習をしたらいいと思います。日本にも、君の優しさを必要としている人がたくさんいますよ。

おわりに

いま日本はものすごく大きな変化の時代を迎えています。長く続いた人口増加期が終わって、これからは、急激な人口減少期を迎えます。これはもう、30年も前からわかっていたことです。

本当は、人口減少に適した経済の仕組みや、人口減少社会に適した人材を育てる教育の仕組みを真剣に考えなければいけなかったのに、日本はそれを考えてきませんでした。

むかしむかし、紀元前に、カルタゴという国がありました。当時はローマとよく戦争をしている国で、一度はローマに負けて滅亡します。しかし、その後、急に成長してローマと並ぶほどの大都市になります。その理由は、カルタゴは土木技術の粋《すい》をこらして、三階建てのアパートをいっぱい作ったのです。いろんな国から来る人たちを、どんどんタダで住まわせてしまったのです。

「あそこならタダの住まいがあるぞ」「安心して生活できるぞ」というので、カルタゴに人がどんどん集まってくるようになって、商いが盛んになって、カルタゴは強くなりました。

住まいにかかるお金は生活のなかで大きな支出です。家は一生の買い物とかいいます。だからこそ、「安価に安心して暮らすことができる」というのは、すごく大事なことだと思います。

僕の暮らす町は、1万人しか人がいません。しかも、毎年おおよそ300人から400人も人が減ります。日本の人口減少も問題だけど、この町の過疎化《かそか》はもっと問題です。そして、そういう町は日本中にあります。そういう町に、「安くて安心して暮らせる住居」があったら、人が集まってきて、いい町になるかもしれないなあ、と僕は思っています。この、「安くて安心して暮らせる」というのは、人が生きていくためにすごく大事な条件だと思います。

いま、ヨーロッパでは、「ベーシックインカム」という仕組みが研究されています。これは、働かなくても生きていけるだけの収入が保障された社会です。僕は、日本の「時間給」という考え方が、これからの「考える」働き方には適していないと思っているし、かといって「能力給」だと、怪我をしたり、病気になったりしたときに収入を失う可能性もあります。だから、ベーシックインカムにものすごく興味があり、たくさん勉強しています。だから僕は、出会う人出会う人に、いろんなところで、「日本がベーシックインカムになったらどうする？」と質問します。

そうすると、だいたいの日本人は、口を揃《そろ》えてこう答えます。

「働かなくてもお金もらえるんでしょ？　だったら働かない。絶対に仕事しない」

ところが、僕の会社に来るヨーロッパの人に同じ質問をすると、こう言います。

「生活の心配がないんでしょ？　だったら、思いっきり、夢に挑戦《ちょうせん》できるじゃん！」この違いはなんなんだろうと思います。同じ人生が、「仕事しない！」になるのか「思いっきり挑戦したい！」になるのか。

その原因は、「仕事」についての教育にあります。日本では、「仕事とは、つらいことや嫌なことでも、余計なことを考えずに言うことを聞いて、お金をもらうこと」と教えてしまいます。だから、「お金をもらえるなら、言うことを聞く必要は無い」になってしまうのです。

それに対して、ヨーロッパの学生はこう答えます。「仕事は、人の役に立つこと」。だから彼らは、「生活の心配が無いなら、思いっきり挑戦できる！」と答えたのです。

きっとそういう社会は、進化して発展していくんじゃないかと思うんです。僕は、日本の「仕事」の考え方は、危険じゃないかなと思っています。僕は、人口増加期から人口減少期への転換は、ものすごく大きな価値感の変化だと思っています。これからは、人口増加期の普通や常識は通用しなくなると思います。そして僕らは、人口減少期に適した経済の仕組みと、教育の仕組みを考えるべきだと思います。

これからの日本では、いままでの普通や常識を疑って、新しい仕組みを考える人が必要になります。僕は、そういう人を増やしたくて、いままで僕の会社に入ってくる人たちの力を借りて実験をしてきました。僕の会社の人たちは、優しくて、穏やかで、楽しくて、知りたがりで、やりたがりです。

どうやら、そういう人をつくれそうです。

だから、僕は2020年から、北海道ハイテクノロジー専門学校の「宇宙・ロボット学科」で、授業を受け持つことになりました。大学以外にも社会で活躍《かつやく》できる力を学べる道はあるよ、ということも伝えられたらいいなと思っています。僕はここで、最先端技術を使いこなして、社会の悲しいことや苦しいことや不便なことを解決できる、「優しい人」を育てます。

いままでの人口増加期の日本は、「たくさん作って、無理やり消費させる」という経済でした。消費しないと経済が回転しない国と言われていました。でも、これからは、みんなが社会の問題を見つめて、自分たちならどうするかな？　を考えて、力を合わせて問題を解決することが、無駄な支出や消費を減らして、社会が豊かになっていく道じゃないかなと思っています。

僕の夢はいくつもあるんですが、そのなかの1つが、「サンダーバードの国」です。サンダーバードって、1960年代のイギリスのテレビドラマです。大金持ちが、世界のどの国にも属すること無く、独自開発の最先端装備で、世界中の災害やトラブルを助けに行くというドラマです。そこに登場してくる最先端の飛行機や機械に、僕は夢中になりました。僕は日本がそういう国になったらいいなあ、と思っています。

大きな災害が起きたとき、日の丸をつけた飛行機が飛んでくるんです。その飛行機を見ただけで「やった。助かった」って、ホッと安心できるんです。日本が、そういう国になったらいいなあ、と思っています。

比べない本当の自信を持った人たちが、社会の問題を解決して、安心して暮らせる社会が広がっていく。社会が豊かになっていく。世界が豊かになっていく。

君がこれからつくっていく世界は、たぶんそんな世界です。

いまはまだ全然、そんな世界じゃありません。世界は苦しいことや、悲しいことや、不便なことに満ちあふれています。でもね、だからこそ、解決し放題じゃない？　それらはすべて、新しい仕事のタネなんです。


僕たちは、この本を通して出会うことができました。これも何かの運命です。この本を読んでくれてありがとうね。この出会いに本当に感謝です。そして僕たちは、次はリアルで出会える可能性があります。

次に出会うときは、君の優しさが生み出した、社会の問題を解決する方法を、僕らが形にして、お互いに力を合わせて誰かを助ける仲間になっている可能性があるんです。

僕はその日が来ることを、本当に心から楽しみにしています。


でもね、僕たちが再会するためには、とても大事な条件があります。それは、「お互いに、死なない」です。

だからね、僕は車の運転に気をつけるよ。ゆっくり運転するよ。

だからね、君も車に乗るときはシートベルトするんだよ。

そしてね、君はこれから、たくさんの素晴らしい人に出会うよ。でもね、間違いなく、たくさんのひどい人にも出会うよ。

だけど、そのひどい人たちに、どんなに嫌なことを言われても、どんなに嫌なことをされても、死ぬを選ばないでほしいんです。なぜならば、生きていれば、かならず可能性が増えるからです。僕もね、何度も死んでしまおうと思ったことがあるよ。死んだほうがラクになれるって思ったことがあるよ。でもね、怖くて死ねなかった。だから、今日こうして、君に出会えたんだよ。僕がどこかで死んでいたら、会えなかったんです。だから、「生きていてよかった」なんです。生きてると、つらいことも悲しいこともあるけれど、生きていると、誰かに出会う可能性が増えます。

だから、勇気を出して生きてください。僕も頑張って生きるよ。そして、いつか力を合わせて、誰かを助けられたら嬉しいね。僕はその日を楽しみにしています。待ってるよ。

２０２１年５月

植松　努

植松 努《うえまつ　つとむ》

1966年、北海道芦別市生まれ。株式会社植松電機・代表取締役。株式会社カムイスペースワークス・代表取締役。NPO法人北海道宇宙科学技術創成センター（HASTIC）・理事。幼少の頃より紙飛行機が好きで、大学では流体力学を学び、卒業後に入った会社では航空機設計を手がけた。植松電機では、バッテリー式マグネット開発の他、ロケット開発、宇宙空間と同じ無重力状態を作り出す微小重力の実験、小型人工衛星開発、アメリカ民間宇宙開発企業との共同事業など、「人の可能性を奪わない社会」の実現のため邁進している。その一方で、全国各地での講演やモデルロケット教室を通じて、年間10,000人以上の子どもたちに、「どうせ無理」をはねかえし、夢をあきらめないことの大切さを伝える活動をしている。おもな著書に『NASAより宇宙に近い町工場』(ディスカヴァー・トゥエンティワン)、『空想教室』(サンクチュアリ出版)、『思うは招く』(宝島社)、『「どうせ無理」と思っている君へ』(PHPエディターズ・グループ)など多数がある。

編集協力 ――――― 青木由美子
編集 ―――――――― 見目勝美（PHPエディターズ・グループ）
PD ―――――――― 小川泰由（凸版印刷）
装画／本文絵 ――― 上路ナオ子
ブックデザイン ―― わたなべひろこ（Hiroko Book Design）

不安な時代に踏み出すための「だったらこうしてみたら？」

2021年6月3日　第1版第1刷発行

著　者 ――― 植松　努
発行者 ――― 岡　修平
発行所 ――― 株式会社PHPエディターズ・グループ
〒135－0061　江東区豊洲5－6－52
☎03－6204－2931
http://www.peg.co.jp/
発売元 ――― 株式会社PHP研究所
東京本部　〒135－8137　江東区豊洲5－6－52
普及部　☎03－3520－9630
京都本部　〒601－8411　京都市南区西九条北ノ内町11
PHP INTERFACE　https://www.php.co.jp/
印刷所
製本所 ――― 凸版印刷株式会社

ISBN 978-4-569-84917-1